L.F.

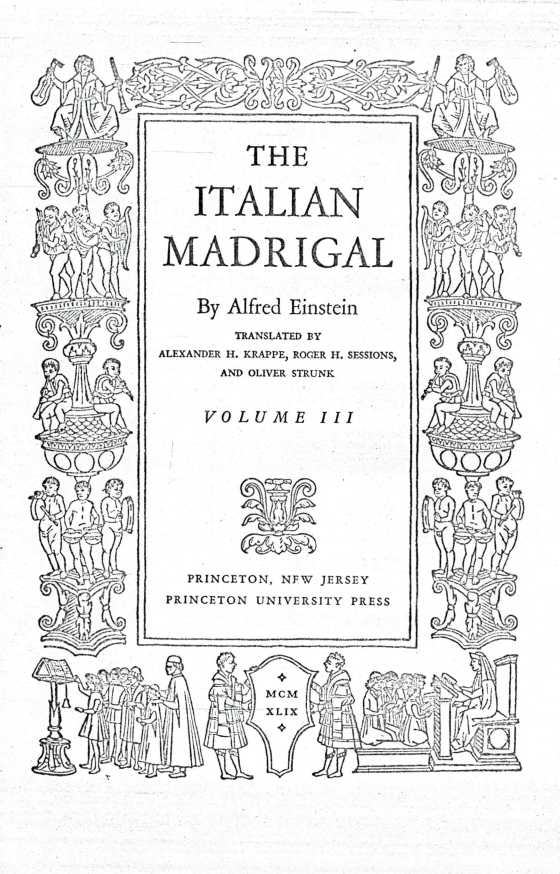

# THE ITALIAN MADRIGAL

By Alfred Einstein

TRANSLATED BY
ALEXANDER H. KRAPPE, ROGER H. SESSIONS,
AND OLIVER STRUNK

*VOLUME III*

PRINCETON, NEW JERSEY
PRINCETON UNIVERSITY PRESS

MCM
XLIX

# THE ITALIAN MADRIGAL

PRINTED IN THE UNITED STATES OF AMERICA BY PRINCETON
UNIVERSITY PRESS AT PRINCETON, NEW JERSEY
LONDON: GEOFFREY CUMBERLEGE
OXFORD UNIVERSITY PRESS

DESIGNED BY P. J. CONKWRIGHT

THE PUBLICATION OF THIS BOOK
HAS BEEN AIDED BY GRANTS FROM THE CARNEGIE CORPORATION OF NEW YORK
THROUGH THE AMERICAN COUNCIL OF LEARNED SOCIETIES
AND FROM THE WESLEY WEYMAN FUND

# FOREWORD

THE present volume of illustrations contains a series of complete compositions whose inclusion in the volumes of text would have proved altogether too cumbersome. They date from about 1470 to 1650. Most of them are not now available in modern reprint, although I have not hesitated to republish pieces already available when their historical importance or musical beauty seemed to require it.

The reproduction of the music lays claim to absolute fidelity in all essential points. Everything that has been supplied is printed either above the staves or in brackets. The poetic text has not been modernized, and here too I have made every effort to preserve the readings of my sources. In many instances the composers had versions of the text before them that depart from those of the first editions. This applies particularly to the poetry of Torquato Tasso.

That I have reduced the original note-values for the pieces before about 1530, but not for the later ones, need cause no surprise. In the frottola, the external shape of the time-unit is not yet an essential point, and an editor would find himself involved in the greatest absurdities if he were to be guided by the time-signatures of the mensural notation instead of by the points of musical emphasis dictated by the prosody of the text. But about 1530 the varieties of measure take on a new importance, and a reduction of the note-values would render the alternation of the *misura di breve* and the *misura cromatica* completely meaningless. This will be conceded by anyone who will read the chapter on Cipriano Rore attentively. If ever there was a real relation between an original notation and the spirit of the music for which it was used, it is here. Here then the original note-values must be retained as far as possible, while those things that create unnecessary difficulties for the score-reader can be cleared away.

Thus I have sometimes done away with the old clefs entirely, replacing them by those now in use, and I have in every case eliminated the obsolete mezzo-soprano, baritone, and low-bass clefs. At the same time I have been unwilling to dispense with the soprano, alto, and tenor clefs altogether. In the older a cappella music, the elimination of the old clefs necessitates the use of a great many ledger lines, especially where the alto clef is involved, while the elimination of the tenor clef necessitates the reading of a perpetual transposition. But apart from this, it must be said that this book addresses itself to musicians and that the musician who is unable to read the three older clefs that have been retained will also be unable to read a modern score, or even the score of a string quartet. The horizontal brackets connecting two or more notes in compositions after 1530 represent the ligatures of the original; in the few pieces from before 1530 the ligatures are represented by slurs. All bar-lines are of course supplied. I am fully aware that their employment may strike many editors as old-fashioned.

The photographic material for No. 1 I owe to a friend whose death came far too soon—Fernando Liuzzi in Rome. The remaining numbers are all of them based on my own manuscript copies from the originals in the libraries of Italy, Germany, Austria, England, France, and the United States. To express the particular thanks that I owe to each and every one of those who have been so willing to help would be quite impossible, for there would be a grotesque lack of proportion between the extent of these acknowledgments and the modest character of this first if undeniably somewhat voluminous attempt. My friends need not be the less certain of my gratitude.

ALFRED EINSTEIN

# CONTENTS

# CONTENTS

# CONTENTS

# TEXTS

## 1. SONNET

Pace non truovo e non ho da far guerra
E temo e spero e ardo e sto in ghiaccio
Et volo sopra l cielo et ghiacio in terra
Et nulla stringho et tutto l mondo abraccio
Tal m a in prigion che non m apre ne serra
Ne per suo me ritien ne scioglie il laccio
Et non m accide amor et non mi sferra
Ne mi vol vivo ne mi tra d inpaccio
Veggio senca ochi et non ho lingua et grido
Et bramo di perir et chieggio aita
Et ho in odio me stesso e amo altrui
Pasco mi di dolor piangendo rido
Et gualmente mi spiace morte e vita
In questo stato sono donna per voi.

—FRANCESCO PETRARCH

## 2. BALLATA

Questo mostrarsi adirata di fore
Donna non mi dispiace
Purche stie n pace—poi col vostro core.

Ma perch i son del vostro amor incerto
Con gl occhi mi consiglio
Io veggio el mio ben el mio mal certo
Che se movete un ciglio
Subito piglio—speranza d amore.

Se poi vi veggio in acto disdegnosa
Pur che l cor si disfaccia
Et credo allor di non poter far cosa
Donna che mai vi piaccia
Cosi s adiaccia—et arde a tutte l hore.

Ma se tal hor qualche pieta mostrassi
Negli occhi o diva stella
Vo(i) faresti d amor arder e sassi
Pieta fa donna bella
Pieta e quella—onde amor nasce e more.

—ANGELO POLIZIANO

## 3. BALLATA

Questo mostrarsi lieta a tutte l ore
Non so se mi si piace

Perche non trovo pace
In risi o sguardi o n quel che appar di fore.

Ma se di me qual mostrate vi cale
Datene un vero segno
E l vedervi senz altro a me che vale
I non vi ho gia a sdegno
Ma questo sol non basta a chi arde e more.

Se cosi ardo et moro ognun se l vede
Tanto e grande il mio foco
Benche maggior e la mia pura fede
Qual in voi non ha loco
Perche non regna ove non arde el core.

El core unite con la lingua vostra
Perche gl e gran defecto
Portare scripto nella fronte vostra
Quel che non e nel pecto
Et tener l huom tra la speme e l timore.

Gl occhi l volto e sospiri e le parole
Vi fanno fede assai
Del mio core ov io ardo ove mi dole
Et dorra sempre mai
Finche mutiate o io cangi altro amore.

Canzonetta da me non far partita
Che accepta non saresti
A madonna ove alberga la mia vita
Altrove gir potresti
Ma io non cerco o bramo altro Signore.

—ANGELO POLIZIANO

## 4. FROTTOLA

De no de si de no
De ti bisogno no
T ho amato in sino a qui
Sperando haver un si
Ma ho perso i passi e i di
Con tante fraude to.

Stolto chi ferma el pe
In donna chi n a fe

Che piu volubil he
Che altro che veda o so
  De no . . .

El piu felice fu
Fra quelli che son qui giu
Redemption non glie piu
Esser felice mo
  De no . . .

Chi ad altri ha dato il core
E me a cazato fore
Cusi va chi vol tore
La bissa in sino so
  De no . . .    —ANONYMOUS

## 5. FROTTOLA

L amor donna ch io te porto
Volentier voria scoprire
E l mio affanno voria dire
Che per te sempre suporto
 L amor donna . . .

Non me fido a mandar messo
Per che temo esser gabato
S io te passo per apresso
Tu te volti in altro lato
Chusi son piu giorni stato
E son anche a pegior porto
 L amor donna . . .

Haime lasso ch io son gionto
Che non posso el mio amor dire
A chi m ha ferito e punto
Ma tacendo vo soffrire
Me convien del mio servire
Questo merto io ne porto
 L amor donna . . .   —ANONYMOUS

## 6. STRAMBOTTO

L infermo alhor piu se consuma e scalda
Quando el calor di for si mostra pocho
 Visto naturalmente una aqua calda
Sorger piu volte in qualche freddo locho

Vna pietra fochal frigida e calda
Chi dirria dentro allei ci fosse focho
 Si che non dir ch io freddo te risguarde
Che son* pur ghiacio e il volto il cor tutto
  arde.    —ANONYMOUS

* *Sic.* Instead of *se.*

## 7. STRAMBOTTO

Riseno i monti e l mar mostra bonaza
Al ritornar de la mia dolce diva
 Mosse la terra e l sol con la sua forza (!)
Ch ogni poter divino in lei deriva
 Pur par che amando el cor si li desfaza
Hor dolsi che d amar mai fosse schiva
 Vinta e nel fin non mia fu la victoria
Tu sol l ai venta amor tua fia la gloria.
   —ANONYMOUS

## 8. ODA

Signora anzi mia dea
So ben che havesti a sdegno
Che senza motto o segno
Mi partisse

E che a te non venisse
Humil con reverentia
A chiederti licentia
Qual bon servo

Si che forsi protervo
Villano iniquo e ingrato
Sero da te chiamato
Ben che a torto

Pero che vivo e morto
Trovemi ov io mi voglia
Non vo che mai si soglia
Da te el core

E se di nostro errore
Sapesti la cagione
Son certo che ragione
Mi daresti

E se l te fur molesti
Nel mio partir tal modi

Se mai la causa tu odi
Lauderami

Non men per questo haverami
Disposto al tuo servitio
Ch ogni tuo benefitio
Scripto ho in petto

E se pur per difetto
Di cieli o de mia sorte
Non poss io avanti morte
Farti certa

Quest ultima mia offerta
De che n contenti idei
Per che tu simil sei
Fiati grata

E a te sia dedicata
Mia alma e ogni mio senso
Che ad altro mai non penso
Che obedirti

Se a tai sublimi spirti
Tal dono picol parti
Io non so piu che darti
Che me stesso.                   —ANONYMOUS

### 9. CAPITOLO ("Aer da capitoli")

Poi che son di speranza al tutto privo
Et che amor pur mi vol per morto in terra
Mi rendo suo pregion mentre son vivo
Io veggio ogni riparo mio per terra
La rocha del mio cor di foco accesa
E la mia gente ardita in farmi guerra
Piu de mille guerieri ho a la contesa
E de le membre mei sol gli occhi han campo
Che col suo lachrimar fan gran diffesa
L alma di e notte al cor dimanda scampo
E quel che e castellan de la mia rocha
Agionge legne al foco onde piu avampo
Amor con l arco e i stral sovente schocca
Ne cessa di ferirmi ond io son tale
Che una piaga mortal con l altra tocca
E quella che e cagion d ogni mio male

Mi si fa incontra armata et io ristoro
Chiedo dil ben servir ma non mi vale
Piu che lei me ferisce piu l honoro
E mentre duol la piaga adoro il dardo
E alhor dolce e il morir se per lei moro
L assedio che ho d intorno e di dentro ardo
Dov io possa fugir io non ho loco
Colei che chiamo al mio soccorso e tardo
Piu presto il cimer si vedra che l foco.
                                    —ANONYMOUS

### 10. SONNET

Quest e quel locho amore se te ricorda
Ove per dar principio a piu mio male
De tua man me tirasti tanti strali
Ch al archo non basto solo una chorda
Et qui la voglia al suo mal troppo ingorda
Si levo a volo non havendo l ali
Qui cade che i pensier son tutti frali
Se l poter col voler ben non s accorda
Qui placide acoglienze vidi e sdegni
Qui gia fu lieto e talhor semimorto
Che a tua forza non val insidie o inganni
Ma del dolor ch io provo ho un sol conforto
Ch io t ho gia rotto mille bei disegni
Che ognun al mio fallir s e facto acorto.
                                    —ANONYMOUS

### 11. SONNET

Hor che l ciel et la terra e l vento tace
Et le fere & gli augelli il sonno affrena
Nocte carro stellato in giro mena
Et nel suo lecto il mar senz onda giace
Veggio penso ardo piango & chi mi sface
Sempre m e inanzi per mia dolce pena
E verro el mio stato d ira & di duol piena
E sol di lei pensando ho qualche pace
Cosi sol d una chiara fonte viva
Movo i(l) dolce & l amaro ond io mi pasco
Una man sola mi risana & punge
Et perche mio martyr non giunge a riva
Mille volte il di moro & mille nasco
Tanto da la salute mia son lunge.
                              —FRANCESCO PETRARCH

## 12. CANZON

S il dissi mai ch i venga in odio a quella
Del cui amor vivo e senza l qual morei
S il dissi che miei di sian pochi et rei
E di vil signorie l anima ancella
S il dissi contra me s armi ogni stella
E dal mio lato sia
Paura e gelosia
E la inimica mia
Piu feroce ver me sempre e piu bella

S il dissi amor l aurate sue quadrella
Spenda in me tutte et l impiombate in lei
S il dissi cielo et terra homini et dei
Me sian contrarii et essa ognior piu fella
S il dissi che con sua cieca facella
Dritto a morte m invia
Pur come glie si sia
Ne mai piu dolce o pia
Ver me si mostri in atto o d in favella

S il dissi mai di quel che men vorrei
Piena trovi quest aspra e breve via
S il dissi el fiero ardor che mi disvia
Cresca in me quanto el fier ghiaccio in costei
S il dissi unquam non vegia gli ochi miei
Sol chiaro o sua sorella
Ne donna ne donzella
Ma terribel procella
Qual pharaone in perseguir gli hebrei.*

—FRANCESCO PETRARCH

* The rest of the stanzas missing.

## 13. BALLATA

Se per colpa del vostro altiero sdegno
Il dolor che me afflige
Madonna me conduce a l aura (!) stige
Non havro duol del mio supplicio indegno
Ne de l eterno foco
Ma de voi vereti in simil loco
Perche sovente in voi mirando fisso
Per virtu del bel viso
Pena non fia la giu che l cor mi tochi
Sol un tormento haro de chiuder gli ochi.

—JACOPO SANNAZARO

## 14. SONNET

Io mi parto madonna e l cor vi lasso
Anci mi stesso vi rimango in pegno
E anchor ch io porta con voi star convegno
Che di voi penso e parlo ad ogni passo
Partomi parmi far l ultimo passo
Tanto mi parto pien di doglia e sdegno
Ma il vostro aspetto glorioso e degno
Par che mi dicha spiera ho spirto lasso
E con questa fidanza el camin piglio
Che gran cagion e de tenerme in vita
Mentre che haro di bei vostri ochi e ziglio
Ma ben per voi e mi fia la partita
Che forsi ove era dubio ho alchun bisbiglio
La fede d ambedoi seran chiarita.

—ANONYMOUS

## 15. MADRIGAL

Come haro donque ardire
Senza voi mai mio ben tenerme in vita
S io non posso al partir chiedervi aita.
Quei singulti quei pianti e quei sospiri
Che l miser corpo a voi acompagniaro
Madonna e chiaramente vi mostraro
La mia propinqua morte e i miei martiri
Ma se advera che per absentia mai
Mia fedel servitu vadi in oblio
E l cor come presago de mei mali
Per adimpire el vostro van disio
Vi fa l exeque del sepulcro mio.

—MICHELANGELO BUONARROTI

## 16. MADRIGAL

Madonna qual certezza
Haver si può maggior del mio gran fuoco
Che veder consumarmi a poco a poco.
Haime non conoscete
Che per mirarvi fiso
Son co'l pensier da me tanto diviso
Che transformarmi sent'in quel che sete.
Lasso non v'accorgete
Che poscia ch'io fui pres'al vostro laccio
Arross'impalidisco ard' et agghiaccio.
Dunque se ciò vedete

Madonna qual certezza
Haver si può maggior del mio gran fuoco
Che veder consumarmi a poco a poco.

—ANONYMOUS

## 17. MADRIGAL

Ogn'hor per voi sospiro
Donna poi ch'io non oso a discoprire
Mio amor e'l mio martire.
 Et so che voi scorgete
Ben mille volt'il giorno il mio dolore
Ma pur cosi volete
Che consumando vad' a poc'a poco
Tacendo amando in amoroso fuoco.

—ANONYMOUS

## 18. MADRIGAL

Gloriarmi poss'io donne
D'haver un si leggiadr'e fid'amante
Ch'invidiarmi dovete tutte quante.
 Per sangu'illustre per virtù per arme
Fedel costante mansueto e accorto
Si che s'io l'amo veramente parme
Ch'altrimenti facend' harei gran torto.
 Et come suol'il porto
Scolpito nel mio core
Prego humilmente amore
Ch'accresch'in lui d'amarm'un tal desio
Che com' son tutta sua sia tutto mio.

—ANONYMOUS

## 19. MADRIGAL

Madonna'l tuo bel viso
Che nel gran mar d'amor m'è duc'e scorta
Hora tien viva mia speranz'hor morta.
 Et qual'hor scorgh'in ess'un bel sereno
Spiega la vel' al vento
Senza temer di scogli' ò di procella.
Ma se la luce nel camin vien meno
Ripiena di spavento
Cala la vel' alla sua navicella
All'instabil tua stella
Scorre l'onde fallac'a dritt' e a torto
Et tem' et sper' e mai non vede'l porto.

—ANONYMOUS

## 20. MADRIGAL

Dur'è'l partito dove m'astringete
Ch'io debba de si o nò darvi risposta.
A che rispondo che de si non deggio
Ch'a contentarvi mod'alcun non veggio.
Ch'a voler far le vostre voglie liete
Troppo m'importa et car l'honor mi costa.
Andat'adagio et non correte in fretta
Che buon è'l ben che col durar s'aspetta.
Et se durando non vi par star saldo
Temprate col mio freddo il vostro caldo.

—ANONYMOUS

## 21. MADRIGAL

Cosi suav'è'l foco et dolce il nodo
Con che m'incendi amor con che mi leghi
Ch'ars' e preso mi godo
Ne cercherò giamai s'extingua o sleghi.
E'l foco o laccio anzi desio che sempre
Si strugg'el cor in si suave tempre.

—ANONYMOUS

## 22. SONNET

Io mi rivolgo indietro a ciascun passo
Col corpo stanco ch'a gran pena porto
Et prend' alhor del vostr'aere conforto
Ch'el fa gir oltra dicend'ayme lasso
 Poi ripensand'al dolce ben ch'io lasso
Al camin lungo et al mio viver corto
Fermo le piante sbigottito et morto
Et gli occh'in terra lagrimando abbasso.*

—FRANCESCO PETRARCH

* Arcadelt did not compose the terzetti.

## 23. MADRIGAL

Se per colpa del vostro fiero sdegno
Il dolor che m'affligge
Madonna mi trasport' a l'altra stigge
 Non havrò duol del mio supplitio indegno
Ne de l'eterno foco
Ma di voi che verrete a simil loco
 Perche sovente in voi mirando fiso
Per virtu del bel viso
Pena non fia la giu che'l cor mi tocchi
Sol' un torment' havrò di chiuder gli occhi.

—JACOPO SANNAZARO

## 24. BALLATA

Amor la tua virtute
Non è dal mondo e dalla gente intesa
Che da viltat'offesa
Segue suo dann' e fugge sua salute.
Ma se tue lode fusser conosciute
Tra noi si come la dove risplende
Piu del tuo vivo raggio
Dritto camin' e saggio
Prenderia nostra vita che nol prende
E torneria con la prima beltate
Gl'anni dell'oro e la felic'etate.

—PIETRO BEMBO

## 25. MADRIGAL (for a comedy)

A che ne stringi o scelerata fame
Dell'oro l'appetito de mortali!
Tu con acuti strali
Fra noi salita dal perduto coro
Empia crudel infame
Fuggir n'hai fatti i begli anni dell'oro.

—ANONYMOUS

## 26. OTTAVA RIMA

Io dico e dissi e dirò fin ch'io viva
Che chi si truova 'n degno laccio preso
Se ben di se vede sua donna schiva
S'en tutt'avversa al suo desir acceso
Se ben Amor d'ogni merced'il priva
Poscia che'l tempo e la fatic' ha speso
Pur ch'altament' habbia locat'il core
Pianger non de se ben languisc'e more.

—LODOVICO ARIOSTO

From *Orlando furioso*, 16, 2.

## 27. MADRIGAL

Quest'io tesseva e quelle
Fronde al buon Dafni mio da porl' in testa.
Ma rapid'ecc'horribile tempesta
E le mie ghirlandelle
E le mie frondi belle
E le piant' e le rive e'l rio ne 'nvola:
Chi ne confort' oime chi ne consola.

—ANONYMOUS

## 28. FROTTOLA

Tua volsi esser sempre mai
Sol pensando a te piacere
Ne mai hebbi altro volere
Ma in vano in te sperai.

Tua volsi esser sempre mai
E di me ti duoli atorto
Non to vo per homo morto
Ma tu ben lassato m' hai.

Tua volsi esser sempre mai
Ne mai t ho di me scacciato
Ma nel cor sempre serrato
Fammi mal quanto tu sai.

Tua volsi esser sempre mai
Mai ti roppi triegua o pace
Fuggi pur quanto ti piace
Per che mio sempre sarai.

Tua volsi esser sempre mai
Et se vivi in doglia e pianto
Non ne dare a me gia l vanto
Ch io faro quel che vorrai.

Tua volsi esser sempre mai
Nel tuo amor constante e forte
Saro sempre infino a morte
Tua saro se tu vorrai.          —ANONYMOUS

## 29. MADRIGAL

Io vorrei dio d'amore
Che tu me comfortassi
O che me ritrovassi
Un'altra fidel donna
Che per me fosse donna
E portase amor come faceva
Quella che m'er'ascosa
Ma sol per man de morte invidiosa.

—ANONYMOUS

## 30. BALLATA

Io mi son giovinett'e volontieri
M'allegr'e cant' en la stagion novella,

Merce d'amor et di dolci pensieri.

  Io vo per verdi prati risguardando
I bianchi fiori & gialli, & vermigli,
Le rose in su le spine, i bianchi gigli,
Et tutti quanti gli vo somigliando
Al viso di colui ch'amando
Mi prese et terrà sempre.

—GIOVANNI BOCCACCIO

## 31. MADRIGAL

  Amor mi fa morire
E pur il vò seguire.

  Non è gran duol il mio tenac' e forte
Conoscer ch'io vò dietr'alla mia morte
  Sotto ch'acerba sorte
Nacqui nel mondo che morir mi sento
E d'abbracciar mi piace'l mio tormento.

  Deh voi ch'udite'l mio grave lamento
Dite per Dio se'l dir non v'è molesto
Non è miracol questo
Ch'amor mi fa morire
E pur il vò seguire.

—BONIFAZIO DRAGONETTO

## 32. SONNET

  Liete, e pensose, accompagnate, e sole
Donne; che ragionando ite per via;
Ov'è la vita, ov'è la morte mia?
Perche non è con voi, com'ella sole:

  Liete siam per memoria di quel sole:
Dogliose per sua dolce compagnia;
La qual ne toglie invidia, e gelosia;
Che d'altrui ben, quasi suo mal si dole

  Chi pon freno à gli amanti, ò dà lor legge?
Nessun à l'alma; al corpo ira, ed asprezza:
Quest'hora in lei, talhor si prova in noi.

  Ma spesso nella fronte il cor si legge;
Si vedemmo oscurar l'alta bellezza,
E tutti rugiadosi gli occhi suoi.

—FRANCESCO PETRARCH

## 33. VILLOTTA

  Un cavalier di spagna
Cavalcha per la via
A pie d una montagna

Cantando per amor d una fantina
  Voltati in qua
Do bella donzellina
Voltati un poco a me per cortesia
Dolce speranza mia
Ch io moro per tuo amor bella fantina
Bella fantina t [h]o donato el core.

—ANONYMOUS

## 34. VILLANELLA

La pastorella mia
Senza altra compagnia
Solett'al suo giardino
Per coglier petrosino
Se n'andava
La non parlava
Ma si sforzava
Di monstrarmi con la mano:
  Fuor della villa o bel villano
Ch'io me ne vado poco lontano
Venirai pian pian
O bel villan' o bel villano.

  N'andava contignosa
E mesta e vergognosa
Cantand' una canzona
Tu porti la corona
E poi rideva
Io la sentiva
Quel che diceva
Sotto voce pian piano:
  Fuor . . .

  Questa mia pastorella
  Tanto leggiadra e bella
Col suo polito viso
Monstrava il paradiso
E lieto il giorno
Coglieasi intorno
Co'l viso adorno
Fior' herbett' e con la mano
  Fuor . . .

  Quando la mia chiamava
Tutt' a me si monstrava
Scoprendo il bianco petto

{ xvii }

E per non dar sospetto
S'adirava
Poi caminava
Ma ritardava
Li suoi passi pian piano:
  Fuor . . .

  Io poi la seguitava
Tanto ch'io l'arrivava
Vicino al suo boschetto
Giungendo petto a petto
La basciava
Lei che m'amava
La sospirava
Pur dicendo pian piano
  Io t'ho pur gionto amor mio caro
Ch'io me ne venni poco lontano
Tornerai pian piano
O bel villan'o bel villano.   —ANONYMOUS

## 35. FROTTOLA

  Poi che volse la mia stella
Per mirar l alta beltade
D una alpestra villanella
Ch io perdesse libertate
Cantar voglio mille fiade
Per sfocar el fiero ardore
  Che fa la ramacina car amor
  Deh che fala che la non vien.

  Vaga e bella e in se racolta
Io la vidi in un chiar fonte
A lavar la prima volta
Ch io mirai sua bella fronte
Tal che ognhor per piano e monte
Vo cantando a tutte l hore
  Che fa la . . .

  Quante volte a la dolce ombra
D uno abetto un faggio un pino
Come fa l hom che disgombra
Suo crudel e fier destino
Da la sera al matutino
Ho cantato con fervore
  Che fa la . . .

Mentre per l ombrose valli
Gli occelletti cantaranno
Mentre i liquidi cristalli
Giu da i monti scenderanno
Mai mei spirti non seranno
Stanchi de cantar col core
  Che fa la . . .   —ANONYMOUS

## 36. VILLOTTA ALLA PADOANA

  Poi che volse de la mia stella
Per mirare la sua beltade
D'una povera viduella
Ch'a perduta la sua libertade
Cantar voglio per mille fiate
Sol per sfogare quel cieco ardore
    Che fa le belle pute viva l'amore
    Che fa che le non vien.   —ANONYMOUS

## 37. CANZON VILLANESCA
## ALLA NAPOLETANA

  O trezze bionde anci capelli d'oro
Occhi di stelle mie fronte de luna
Et a me tanto nemica la fortuna.

  Boca di perle: è di rubin thesoro
Volto: che latte; e rose in se raduna
Et a me . . .

  Che sol mirando in voi rinasco e moro
Che tua belta ogn'altra bella inbruna
Et a me . . .

  Altro non manch'a voi non v'amirate
Se non haver di me qualche pietate
Ch'esser pietosa avanz' a ogni beltate.
      —ANONYMOUS

## 38. CANZON VILLANESCA
## ALLA NAPOLETANA

  Tutte le vecchie son maleciose
C'hanno perduta la stascione vera
Questo lo dico a te vecchia tramera.

  Superb' ingrate: misere: e letrose

Chinollo crede: mir al' ala cera
Questo . . .

La meglio parte: so tutte picose
Che fanno se non tossero la sera
Questo . . .

Fuggite tutte ste vecchiarde amare
Citelle che v'havite ammaritare
Stat' a piacer' fatele crepare. —ANONYMOUS

## 39. CANZON VILLANESCA ALLA NAPOLETANA (MASCHERATA)

Chi la gagliarda donna vo imparare
Venit'a nui che simo mastri fini
Che de ser' e de matina
Mai manchiamo di sonare
Tantantan tarira
Rarirura.

Provange un poco cance voi chiamare
Appassa diece volte che salimo
Che de ser'e de matina . . .

Chi la gagliarda donna vo imparare
Sotto lo mastro elle bisognia stare
Che de ser'e de matina . . .

A ch'e principiante li vo dare
Questo compagnio ch'a nome Martino
Che de ser'e de matina . . .
—ANONYMOUS

## 40. CANZON VILLANESCA ALLA NAPOLETANA

Madonna mia pietà chiam' et aita
Ch'io moro e stento a torto pur volete
Io grido e nol sentete
Acqua madonn'al foco
Ch'io mi sento morire a poco a poco.

Vostra altiera belta sola infinita
Glie causa ch'io me abbruscia e'l consentete
Pur grido . . .

Hormai le scema l'affannata vita
Nol credi e con vostri occhi lo vedete
Pur grido . . .

Di chiedervi merce son quasi roco
Sol della pena mia prendete gioco
Pur grido in ogni loco
Acqua madonna al fuoco. —ANONYMOUS

## 41. MORESCA

Chichilichi–Cucurucu
U scontienta, U beschina
U sportunata me Lucia,
Non sienta Martina
Galla cantare?
"Lassa canta, possa clepare!"
Porca te piscia sia cicata!
"Io dormuta, tu scitata."
Ba con dia
Non bo piu per namolata.
Tutta notte tu dormuta
Mai a me tu [hai] basciata.
Cucurucu.
Che papa la sagna
Metter' uccelli entr'a gaiola.
Cucurucu.
Leva da loco, pigli zampogna
Va sonando per chissa cantuna
Lirum lirum
     (Spoken: Sona se voi sonare)
Lassa carumpa canella
Lassa Martina, lassa Lucia
U madonna, a ti cilum barbuni
U macera catutuni.
Sona, son' e non glidare
Lirum li, lirum li.
La mogliere del pecoraro
Sette pecor' a no denaro
Se ce fusse Caroso mio
Cinco pecor' a no carlino.
Auza la gamba, madonna Lucia
Stiendi la mano piglia zanpogna
Sauta no poco con mastro Martino.
Lirum li, lirum li.
—ANONYMOUS (DA NOLA?)

## 42. CANZON VILLANESCA ALLA NAPOLETANA

O dolce vita mia che t'haggio fatto
Che me menaz'ognior con toi parole
Et io me strugo come nev'al sole.

Se sai per tuo amor son quasi matto
Chatte de l'ardor mio niente te dole
Et io me strugo . . .

Questo e piu vero che non e lo specchio
Ch'amor novo sempre caccia il vecchio
Et io me strugo . . .

Mo son perduto et tengomi disfatto
Che m ai mandat' a coglier le viole
Et io me strugo . . . —ANONYMOUS

## 43. CANZON VILLANESCA

O dolce vita mia che t'haggio fatto
Che mi minacci ogn'hor con tue parolle
Et io mi struggo come nev'al sole.

Se sai ca per tuo amor son quasi morto
Ca te del arder mio niente ti dole
Et io mi struggo . . .

Mo son perduto e tengomi disfatto
Che m'hai mandato a coglier le viole.
Et io mi struggo . . . —ANONYMOUS

## 44. CANZON VILLANESCA ALLA NAPOLETANA

Ogn'hor dirò capelli stralucenti
Poiche capelli mi son stati dati
Tali capelli—non ha civelli
Capelli ognhor diro—affe de chi so.

Vorria saper se per incantamenti
In si fino oro tutti son mutati
Poiche . . .

Tante cathene oyme tanti serpenti
Mi sono intorno al core diventati
Poiche . . .

Ma la speranza d'haver piu favore
Mi fa dolce e suave ogni dolore
Poiche . . . —ANONYMOUS (CIMELLO?)

## 45. SONNET

Per mezz'i bosch'inhospiti e selvaggi
Onde vann' a gran rischi homini et arme
Vo secur'io che non puo spaventarme
Altri che'l Sol c'ha d'amor viv'i raggi
Et vo cantando o pensier miei non saggi
Lei che'l ciel non poria lontana farme
Ch'i l'ho ne gli occhi e veder seco parme
Donn' e donzelle e son abeti e faggi.
Parmi d'udirla udendo i rami e l'ore
E le frondi et gli augei lagnarsi e l'acque
Mormorando fuggir per l'herba verde
Raro un silentio un solitario horrore
D'ombrosa selva mai tanto mi piacque
Se non che dal mio sol troppo si perde.

—FRANCESCO PETRARCH

## 46. SONNET

Padre del ciel doppo i perduti giorni
Doppo le notti vaneggiando spese
Con quel fiero desio ch'al cor s'accese
Mirando gli atti per mio mal si adorni
Piacciati homai col tuo lume ch'io torni
Ad altra vita et a piu belle imprese
Si c'havendo le reti indarno tese
Il mio duro aversario se ne scorni.
Hor volge signor mio l'undecimo anno
Ch'i fui sommesso al dispietato giogo
Che sopra i piu soggetti è piu feroce
Miserere del mio non degno affanno
Riduci i pensier vaghi a miglior loco
Ramenta lor com'hoggi fosti in croce.

—FRANCESCO PETRARCH

## 47. MADRIGAL

Anchor che col partire
Io mi senta morire,
Partir vorrei ogn'hor ogni momento,
Tant' è 'l piacer ch'io sento
De la vita ch'acquisto nel ritorno.
Et cosi mill' e mille volte il giorno

Partir da voi vorrei,
Tanto son dolci gli ritorni mei.

—ALFONSO D'AVALOS, MARCHESE DEL VASTO

## 48. SESTINA

Crudele acerba inexorabil morte
Cagion mi dai di mai non esser lieto
Ma di menar tutta mia vita in pianto
E i giorni oscuri e le dogliose notti
I miei gravi sospir non vanno in rime
E il mio duro martir vince ogni stile.

—FRANCESCO PETRARCH

## 49. SONNET

O sonno o della queta humida ombrosa
Notte placido figlio o de mortali
Egri conforto oblio dolce de mali
Si gravi onde la vita aspra e noiosa

Soccorri al core homai che langu'e posa
Non have e queste membra stanch'e frali
Soleva a me t'envola o sonno e l'ali
Tue brune sovra me distendi e posa.

Ove'l silentio che'l di fugge e'l lume
E i lievi sogni che con non sicure
Vestigia di seguir ti han per costume

Lasso ch'in van te chiamo e queste oscure
E gelide ombre in van lusingo o piume
D'asprezza colme e notti acerbe e dure.

—GIOVANNI DELLA CASA

## 50. OTTAVA RIMA

Com'esser può che si contrari effetti
Nascan d'un sol oggetto in un momento?

Com' esser può che i più saggi & perfetti,
Perdano per altrui ogni ardimento?

Com'esser può che ne mortali petti
Sia ghiaccio'l foco e dolce sia'l tormento?

E pur è ver ch'io per colei ch'adoro,
Mille volt' il di nasco & mille moro.

—ANONYMOUS

## 51. MADRIGAL

Donna se voi volete io voglio anch'io
Far quel che debbon doi fidel amanti
Nel bel gioco d'amore.

All'hor vie più sarò vostro che mio
Speditemi vi prego

Quanto più presto meglio ò drent'ò fuore
Se non volete a dio.          —ANONYMOUS

## 52. CANZON

Chiare fresch' e dolci acque
Ove le belle membra
Pose colei che sol' a me par donna
Gentil ram'ove piacque
Con sospir mi rimembra
A lei di far al bel fianco colonna
Herb'e fior che la gonna
Leggiadra ricoverse
Con l'angelico seno
Aer sacr' e sereno
Ov'amor con begl'occh' il cor m'aperse
Dat'udientia insieme
A le dolenti mie parol'estreme.

S'egli è pur mio destino
E'l ciel in cio s'adopra
Ch'amor quest'occhi lagrimando chiuda
Qualche gratia'l meschino
Corpo fra voi ricopra
Et torni l'alm' al propri'alberg'ignuda
La morte fia men cruda
Se questa speme porto
A quel dubbioso passo
Che lo spirito lasso
Non potria ma'in piu riposato porto
Ne'n piu tranquilla fossa
Fuggir la carne travagliat' et l'ossa.

Tempo verr'anchor forse
Ch'a l'usato soggiorno
Torni la fera bell' e mansueta
E la ov'ella mi scorse
Nel benedetto giorno
Volga la vista desiosa e lieta
Cercandomi & o pieta
Gia terr'in fra le pietre
Vedend'amor l'inspiri
In guisa che sospiri
Si dolcemente che merce m'impetre
Et faccia forz'al cielo
Asciugandosi gl'occhi col bel velo.

Da bei rami scendea
Dolce nella memoria
Una pioggia di fior sovr'al suo grembo
Et ella si sedea
Humil'in tanta gloria
Coperta gia de l'amoroso nembo
Qual fior cadea su'l lembo
Qual su le treccie bionde
Ch'oro forbit' e perle
Eran quel di a vederle
Qual si posava in terra & qual su l'onde
Qual con un vagh'errore
Girando parea dir qui regn'Amore.

Quante volte diss'io
Allhor pien di spavento
Costei per fermo nacque in paradiso
Cosi carco d'oblio
Il divin portamento
E'l volt' e le parol' e'l dolce riso
M'havean et si diviso
Dall'imagine vera
Ch'io dicea sospirando
Qui come venni' o quando
Credend'esser in ciel non la dov'era
Da ind'in qua mi piace
Quest' herba si ch'altrove non ho pace.*

—FRANCESCO PETRARCH

* The "commiato" not composed.

## 53. CANZON VILLANESCA
ALLA NAPOLETANA (VILLOTTA)

E la morte di marito
M'aspett'io ma non per altro non
Ma mi dubito che nanzi mi mor'io
Deh quanto sei bella tu
Ch'io la vorria trovare
Ma non la poss'acchiare
Cosi bella come te.

E se tu te mariti
E tu non pigli mene
In capo de l'ano vedova ti veggia
Deh ch'io la voria . . .  —ANONYMOUS

## 54. CANZON VILLANESCA
ALLA NAPOLETANA

Non t'arricordi e quando me dicevi
Che tu m'amavi si perfetamente
O d'abraciami giocami stringemi
Basciami ridemi traditora
O signora o patrona
O regina del mio core.  —ANONYMOUS

## 55. SONNET

Anima bella da quel nodo sciolta
Ch'el piu bel mai non sep(p)e ordir natura
Pon dal ciel mente alla mia vita oscura
Da si lieti pensier a pianger volta
Volgi a me gli occhi e miei sospiri ascolta
Et se la su nel ciel col spirto dura
L'usata tua pietà l'accerba e dura
Pena ch'io porto mi fia tosto tolta.*

—ANONYMOUS

* The terzets are missing.

## 56. MADRIGAL (Dialogue)

Ahi miserelle ahi sventurate noi
Ah più dolente madre
Chi fa preda del nostro e tuo sol bene?
"Dolci nimphe leggiadre
Deh non v'incresca i fortunati suoi casi
Onde vi tormentan[no?] tante pene."
Perche saggi pastori?
"Perche Regina sola
Fu de l'imperio grande di Plutone."
Adunque egli è Pluton che ce l'invola?
"Pluton egli è a ragione
Terminerà i cotanti suoi dolori."
Hor venghi a cantar nosco il grand'Orfeo:
Viva Pluton Proserpina e Himeneo.

—ANONYMOUS

## 57. OTTAVA RIMA

Io son qual sempre fui tal esser voglio
Fin'alla morte e piu se piu si puote
Immobil son di vera fede scoglio
Che d'ogn'intorno il mar l'aria percuote
O siam'amor benigno o m'usi orgoglio
O me fortun' in alto o in basso ruote

Non mai gia per bonaccia ne per verno
Loco mutai ne mutero in eterno.
—LODOVICO ARIOSTO

From *Orlando furioso*, 44, 61.

## 58. MADRIGALETTO

Vita de la mia vita,
Havete pur gran torto
A non mi dar aita
Poi che son quasi morto
  Se pur volete al fin donna ch'io mora,
Lassate l'alma mia ch'in voi dimora.
—ANONYMOUS

## 59. CANZON

  Su la fiorita riva
Dell'Adige sedea mesto Iacinto
Et poi che vide priva
Di pieta Cinthia e se da morte vinto
Alle chiar' e fresch' acque
Cosi parlar gli piacque.

  "Fiume cui gia cotanto
Lagrimando ho cresciut'il vago seno
Odi l'ultimo pianto
Porgete o nimphe l'aspro e rio veleno
Il duro ferr' o laccio
Da darmi il crudo spaccio.

  "Et tu crudel e ria
Ch'unqua non mosse lachrime o sospiri
Prendi la morte mia
Gradisc' almen quest'ultimi martiri
Ond'io pel tuo contento
Goda del mio tormento."

  Cosi disse e di speme
Al tutto privo e colmo d'aspra doglia
Pel gran duol che lo preme
Drizzossi in piè cingendosi di foglia
Della più mortal fronde
E si gittò nell'onde.
—ANONYMOUS

## 60. GIUSTINIANA

  Forestier inamorao
Aldi quel che m'è intravegnuo

A saltando nuo per nuo
E me son mezo snonbolao
  Forestier inamorao
Aldi quel che m'è intravegnuo.

  O desgratia maledetta
Che m'ha zonto a mi soleto
A scamparme l'oseleto
Che mai pi no l'ho piao.
  Forestier . . .

  Oime gramo oime dolente (tupino)
Che son stao pur mal accorto
Che madonna send' è accorto
Che la gatta me l'ha magnao.
  Forestier . . .

  No credeva che in sti anni
Mia mogier se scorozasse
E che via la me butasse
Tutto quel che g'ho donao.
  Forestier . . .

  Che farò io che dirò io
L'oseleto è andao a spasso
Portero el cao basso
A pianzando desperao.
  Forestier . . .         —ANTONIO MOLINO

## 61. MADRIGAL

  O beltà rara o santi
Modi adorni luci beate piene
Di dolcezz' e di spene
  Ah si tosto in obblio me post'havete!
Ma sia pur quel che può voi non facete
Ch'io non sia quel che'l primo giorno volli
Fin che quest'occhi molli
Finiran per mai sempre il longo pianto.*
—ANONYMOUS

* *Sic*. Better: i longhi pianti.

## 62. SONNET

  Due rose fresche e colte in paradiso
L'altr'hier nascendo il di primo di maggio
Bel dono e d'un amante antico e saggio
Tra duo minori egualmente diviso

Con si dolce parlar e con un riso
Da far inamorar un huom selvaggio
Di sfavillante et amoroso raggio
E l'uno e l'altro fe cangiar il viso.
  Non vede un simil par d'amanti il sole
Dicea ridendo e sospirando insieme
E stringend' ambe due volgeasi a torno
  Cosi partia le rose e le parole
Onde'l cor lasso anchor è allegra e teme
O felice eloquentia o lieto giorno.

—FRANCESCO PETRARCH

### 63. MADRIGAL (Dialogue)

  Tirsi morir volea,
Gl'occhi mirando di colei ch'adora,
Quand'ella, che di lui non men ardea,
Li disse: Oime ben mio,
Deh non morir ancora,
Che teco bramo di morir anch'io.
  Frenò Tirsi il desio,
C'hebbe di pur sua vit'alhor finire;
Ma sentia morte in non poter morire
E mentre'l guardo suo fiso tenea
Ne begl' occhi divini,
E'l nettare amoroso indi bevea;
La bella Ninfa sua, che già vicini
Sentia i messi d'Amore,
Disse, con occhi languidi e tremanti:
Mori cor mio, ch'io moro.
Cui rispose il Pastore:
Et io, mia vita, moro.
  Cosi moriro i fortunati amanti,
Di morte si soave, e si gradita,
Che per anco morir tornaro in vita.

—GIO. BATTISTA GUARINI

### 64. OTTAVE RIME

  A caso un giorno mi guidò la sorte
In un bosco di querci' ombros' e spesso
  Ove giacea un pastor ferito a morte
Che la sua ninfa in sen se l'havea messo.
  La giovane gentil piangea si forte
Sopra'l suo amante che l'amante istesso
  Ancor che la sua piaga era mortale
  Piangea'l pianto di lei più che'l suo male.

  Vaga d'udir come ogni donna suole
E di veder che fin havea la cosa
  In un cespuglio ov'a pen' entra il sole
Da gli occhi d'ambe dua ne stett' ascosa.
  Il pastor nel formar de le parole
E'l pianto de la ninfa dolorosa
  Parea ch'intorno l'aer e le contrade
  Facesser lagrimar per la pietade.

  Con quel poco di spirto che le avanza
"Non mi duol il morir" dicea il pastore
  "Pur che doppo la morte habbi speranza
Di viver alcun tempo nel tuo core."
  Dicea la Ninfa "com'havrà possanza
Di viver un de dui se l'altro more?
  S'io vivo nel tuo petto e tu nel mio
  Come morendo tu viver poss'io."

  Mentre ch'ella le piaghe va sciugando
A quel de suo begli occhi il pianto beve
  O caso troppo lagrimoso quando
Il ferito pastor pur morir deve.
  Veggio la bella ninfa andar mancando
E cader morto per finir in breve
  Rimaser ambe dui morti in quel suolo
  Che l'un uccise il ferro e l'altro il duolo.

—LUIGI TANSILLO

### 65. SESTINA STANZA

  Crudele acerba inesorabil morte
Cagion mi dai di mai non esser lieto
Ma di menar tutta mia vita in pianto
E i giorni oscuri e le dogliose notti
I miei gravi sospir non vann' in rime
E'l mio duro martir vinc'ogni stile.

—FRANCESCO PETRARCH

### 66. MADRIGAL

  Anchor che col partire
Io mi sento morire
Partir vorrei ogn'hor ogni momento
Tant' (è) il piacer ch'io sento
De la vita ch'aquisto nel ritorno,
E cosi mill'e mille volt'il giorno
Partir da voi vorrei
Tanto son dolci gli ritorni miei.

—ALFONSO D'AVALOS, MARCHESE DEL VASTO

## 67. MADRIGAL

Piangete valli abbandonate e sole,
E tu terra dipingi nel tuo manto
I gigli oscuri e nere le viole,
La dotta Egeria e la Thebana Manto,
Con subito furor morte n'ha tolta,
Ricominciate o Muse il vostro pianto.

—ANONYMOUS

## 68. OTTAVA RIMA

Dunque basciar si belle e dolce labbia
Deve altra se basciar non le poss'io
Ah non sia vero gia ch'altra mai t'habbia
Che d'altr'esser non dei se non sei mio
Piu tosto che morir sola di rabbia
Che meco di mia man morir desio
Che se ben qui ti perd'almen l'inferno
Poi mi ti rend' e stii meco in eterno.

—LODOVICO ARIOSTO

From *Orlando furioso*, 36, 32.

## 69. OTTAVE RIME

Giunto a la tomba ove al suo spirto vivo
Dolorosa prigion il ciel prescrisse
Di color di calor di moto privo
Gia marmo in vista al marmo il viso affisse
Al fin sgorgando un lagrimoso rivo
In un languido ohime proruppe e disse
O sasso amato tanto amaro tanto
Che dentro hai le mie fiamme e fuor il
. pianto.

Non di morte sei tu ma di vivaci
Ceneri Albergo ov'è nascosto Amore
Sento dal freddo tuo l'usate faci
Men dolci si ma non men cald' al cuore
Deh prendi questi piant' e questi bacci
Prendi ch'io bagno di doglioso humore
Et dalli tu poi ch'io non posso almeno
A le amate reliquie c'hai nel seno.

—TORQUATO TASSO

From *La Gerusalemme liberata*, 12, 96, and 97.

## 70. CANZON ALLA NAPOLETANA

Amor m'impenna l'al' e tant'in alto
Le spiega'l mio ferit'et arso core
Ch'ogni dolcezza prendo dell'ardore.

Ergiti pure in alto o cor piagato,
Ch'io spero al fido e accorto mio servire
A si erto et ampio ciel poter salire.

Da forza a' vanni e và lieve e sicuro
E tema non haver di mala sorte,
Che bel fin fà chi amando viene a morte.

Amor sia la tua guida e và con fede
Com'Aquila che mai temer non suole
Poggiare il ciel per contemplare il sole.

—TROIANO(?)

## 71. CANZON VILLANESCA

Cors' a la morte il povero narciso
Per rimirars'il viso
Et io tosto che vegg'il tuo bel viso
Corro volando vivo in paradiso.

Helena bella pose Troia in terra,
Cagion di tanta guerra,
Et io che stò per voi sempre nel foco,
Di questa fiamma ho gran piacer et gioco.

Ganimede per lo suo bel volto
Di Giove in ciel fu tolto,
Cosi son'io rapito dal mio bel sole
Mentre contemplo il viso e le parole.

O mio bel viso, o sol d'ogni mortale
Pietà del mio gran male.
E poi che sol per voi ho questa sorte
Corro volando à voi per haver morte.

—ANONYMOUS

## 72. VILLANELLA

Io son ferito e chi mi punse il core
Ha ne begli occhi Amore.
Ch'indi mi scrisse al cor sia la tua stella
Nel Mar de tuoi martir Lavinia bella.

Fu il laccio onde fui avinto, si ch'io moro
Di Lavinia il crin d'oro,
Quando io prima mirai l'alma sua luce
C'hor chiara hor bruna à pianger mi conduce.

Mille aventommi allhor pungenti dardi
LAVINIA co' suoi sguardi,
Ma se ferirme gl'occhi tanta gioia
Mi porse il duol, ch'ancor non vuol, ch'io
    moia.

LAVINIA è questa et è la CITHAREA
Ch'in terra ancide, e bea,
Che s'ella canta il plettro move, e ride
Avviva ogn"altro, e me sol lasso ancide.
             —ANONYMOUS

## 73. CANZON ALLA NAPOLETANA

Del crud' amor io sempre mi lamento
E del suo stral che m'ha passat'il petto
Io son constretto—per mia mala sorte
Servir a chi mi dona ogn'hor la morte.

Ne la notte ne'l di mai son contento
Cosi mi struggo e mai prendo diletto
Io son constretto . . .

E mi ritrovo in piu maggior tormento
Quando ch'io penso di smorzar l'effetto.
Io son constretto . . .

Ma spero un giorno uscir di tanto stento
E di mutar un'altra fantasia
Che questa via—da maggior dolore
A chi piu fidel serve con amore.
             —ANONYMOUS

## 74. CANZONETTA

Mentre il cuculo il suo cucu cantava
Lascia dicea Amarilli
Lascia Damon tua Filli
E corri in braccio cor mio.
Cucu cucu non odi
Egli t'invita ed io.     —ANONYMOUS

## 75. CANZONETTA

Deh quadrara mia quadrara—
Che vuoi tu vita mia cara?
Se tu vuoi fare la fare la fare
Aprimi sta notte

Che'l tuo marito è ne la Masseria.
  Io temo speranza
Che la vicinanza
Se n'accorgerà
Non farà—Si farà—Non farà
  Deh non tentiamo la mala fortuna
Che tutta notte
Core mio bello luce la luna.

Deh quadrara mia quadrara—
Che vuoi tu vita mia cara?
Se tu vuoi fare la fare la fare
Apri'l portelino
Che io tu (!) entrerò per lo giardino.
  Io temo . . .

Deh quadrara mia quadrara—
Che vuoi tu vita mia cara?
Se tu vuoi fare la fare la fare
Porgimi la mano
Per la fenestra m'entrarò pian piano.
  Io temo . . .

Deh quadrara mia quadrara—
Che vuoi tu vita mia cara?
Se tu vuoi fare la fare la fare
Porgimi sta bocca
Apri queste tue braccia, e stringi, e tocca
  Baciami speranza
Che la vicinanza
Non s'accorgerà
Non farà, non farà, non farà
Deh seguitiamo la bona fortuna
E tutta notte
Godianci cor mio bello a questa luna.
             —ANONYMOUS

## 76. CHANSON

Puisque vivre en servitude
Je debvois triste & dolent
Bien heureux ie me repute
D estre en lieu si excellent
Mon mal est bien violent
Mais amour le veult ainsy
Veullez en avoir mercy.

Vostre beaulte sans pareille
Ne doibt prendre a desplaisir
S a l aymer ie m appareille
Car myeulx on ne peult choisir
Si j ay par trop de desir
J ay beaucoup de foy aussy.
Veullez . . .

Vous seule estes la fortune
Qui mon heur va mesurant
Si vous m estes opportune
Peu me chault du demeurant
Sans vous ie viz en mourant
Et m est le iour obscurcy.
Veullez . . .                    —ANONYMOUS

### 77. BALLETTO (Canzonetta)

Viva sempre e scolpita
Vi tengo nel mio cor dolce mia vita.
Cosi vorrei anch'io
Ch'indi scolpisse Amore
Quest'imagine mia nel vostro core.

—ANONYMOUS

### 78. BALLETTO

#### *Lo schernito*

Se ben vedi o vita mia
Ch'io languisco per tuo amor, Fa la la
Mi burli mi fuggi
M'affliggi mi struggi
M'uccidi o Donna ria, Fa la la

Io ti porgo ogn'hor tributo
E di pianto e di sospir, Fa la la
Ma fera disprezzi
Ne odi ne prezzi
Chi chiede ogn'hor aiuto, Fa la la

Opra in me gli sdegni e l'ire
Dammi morte di tua man, Fa la la
Che tardi? che fai?
Deh trammi di guai
Contenta il tuo desire, Fa la la

—ANONYMOUS

### 79. MADRIGAL

Vaghi augelletti che per valli e monti
Accompagnaste con pietosi accenti
I miei duri lamenti
Gioite hor meco in festa et allegrezza
Poi ch l'aspra durezza
Della mia Clori ha intenerito amore
Onde son quasi di me stesso fuore.

—ANONYMOUS

### 80. SESTINA STANZA

O fere stelle homai datemi pace
E tu fortuna muta il crudo stile
Rendetemi a pastori et a le selve
Al cantar primo a quelle usate fiamme
Ch'io non son forte a sostener la guerra
Ch'Amor mi fa co'l suo spietato laccio.*

—JACOPO SANNAZARO

* From the Sestina: Spent'eran nel mio cor. . . .

### 81. OTTAVA RIMA

Dolorosi martir, fieri tormenti,
Duri ceppi, empi lacci, aspre catene,
Ov'io le nott' e i giorni hor'e momenti
Misero piango il mio perduto bene.
Triste voci, querele, urli, e lamenti,
Lagrime spesse e sempiterne pene
Son'il mio cibo, e la quiete cara
De la mia vita, oltr'ogni ascenz' amara.

—LUIGI TANSILLO

### 82. MADRIGAL

Itene mie querele
Precipitose a volo
A lei che m'è cagion d'eterno duolo.
Ditele per pietà ch'ella mi sia
Dolcemente crudele,
Non crudelmente ria
Ch'i dolorosi stridi
Cangerò lieto in amorosi stridi.

—ANONYMOUS

### 83. MADRIGAL

Poi che'l mio largo pianto
Amor ti piace tanto
Asciutti mai quest'occhi non vedrai

Finche non venga fuore
Ahime per gl'occh'il core.        —ANONYMOUS

## 84. MADRIGAL

O misera Dorinda ov'hai tu poste
Le tue speranze? onde soccorso attendi?
In beltà che non sent'ancor favilla
Di quel foco d'Amor ch'ard'ogn'amante.
Amoroso fanciullo,
Tu se pur a me foco e tu non ardi
E tu che spiri amor Amor non senti:
    Te sotto humana forma
Di bellissima madre
Partorì l'alma Dea che Cipro honora,
Tu hai gli strali e'l foco
Ben sall'il petto mio ferito ed arso,
Giungi a gli homeri l'ali
Sarai novo Cupido
Se non ch'ai ghiaccio il core
Ne ti manca d'Amor altro ch'amore.
                    —GIO. BATTISTA GUARINI
From *Pastor fido*, III, 2.

## 85. SONNET

O sonno o della queta humida ombrosa
Notte placido figlio ò de' mortali
Egri conforto oblio dolce de' mali
Si gravi ond'è la vita aspra e noiosa
    Soccorri al cor homai che langue e posa
Non have e queste membra stanche e frali
Solleva a me ten vola ò sonno e l'ali
Tue brune sovra me distendi e posa.
    Ov'è'l silentio che'l di fugge e'l lume
E i lievi sogni che con non secure
Vestigia di seguirti han per costume
    Lasso che'n van te chiamo e quest'oscure
E gelid'ombre in van lusingo; o piume
D'asprezza colme o notti acerbe e dure.
                    —GIOVANNI DELLA CASA

## 86. "CACCIA"

### Il gioco di primiera

Al vago e incerto gioco di primiera
Chi vuol giocar dui scudi per piacere
Trov'il denaro e pongasi a sedere.

Siamo qui in cinque—o la ragazzo presto
Arecca qui le carte—
Eccole qui signor polit'e belle
Mescolatelle—a un tratto
E poi faccia a chi tocca il primo sette
Con patto che si faccia al perditore
Una dolc'e solenne trombettata.
    Facciasi—Hor date fuor—Di che caviamo
De grossi e'l grosso stesso il vada—sia
Passa—Vad'il mio grosso—Il voglio—Ed io
Entro, Dattemi quattro—
Passa—i scarto primier'—haggio scartato
Mal haggia chi di quella fu inventore
Mi gioca tutto questo
E a me gioca il mio resto
Passate—Passa—a monte—Vada il resto mio
Io voglio—Il voglio anch'io
Tutti scartiam—vo a flusso
Ed io a primiera—Cinquanta
Chi ha più punto è vincitore
Voglio far manco—no—farò primiera
Fatell' a piacer vostro
Eccola quivi—ventura che sian vivi
Vo a flusso—Che volete che facciamo
Nulla tirate suso—farò flusso
Non vel vieto su presto—adaggio un poco
Che dite—Non m'havete inteso ancora
Hai piedi potran gir—Eccovi flusso
Cancar'a flusso e alla primier'insieme
Ahi putanazza sorte ahi ciel traverso
Ahi carte ladre fatte ch'io fo buono
No no no no facciasi prima
Al perditor del resto la stampita
Facciasi allegramente
Tipi tipi tap tipi tipi tap tap tap.
                    —ALESSANDRO STRIGGIO(?)

## 87. CANZONETTA

Fa una canzone senza note nere
Se mai bramasti mia gratia havere
Falla d'un tuono ch'invita al dormire
Dolcemente facendola finire.

Per entro non vi spargere durezze
Che le mie orecchie non vi sono avezze
Falla . . .

Ne vi far cifra ò segno contra segno
Sopra ogni cosa quest'è'l mio disegno
Falla . . .

Con questo stile il fortunato Orfeo
Proserpina la giù placar poteo,
Questo è lo stile che quetar già feo
Con dolcezza à Saul lo spirto reo!

—ORAZIO. VECCHI(?)

## 88. CANZONETTA

S'udia un Pastor l'altr'hieri
Ch'al sembiante parea di vita casso
Languir dicendo: "Io son ferito hai lasso."

A lui mi fei vicino
Ch'era privo di moto come un sasso
E sol dicea: "Io son ferito ahi lasso."

"Taci" diss'io, "Pastore,
Ch'è ferita leggier, non dubitare;
Che'l feritore ancor ti può sanare."

"E qual Medico fia
Che risani il mio cor dal duro passo?"
"Livia se canta: 'Io son ferito ahi lasso'."

"Dunque Livia gentile
Canta, canta, ch'a morte più non passo;
Che fia mia vita: 'Io son ferito ahi lasso'."

—ORAZIO VECCHI(?)

## 89. MADRIGAL

Sottile e dolce ladra
Che con mano si accorta e si leggiadra
Ancor con gl'occhi mi rubaste il core
Qual merita supplicio il vostr'amore?
Merta che dolce laccio al collo un nodo
Vi faccia e per serbar più giusto modo
Ch'io che'l rubato fui sia quel che'l faccia
E'l farò se ti par di queste braccia.

—ANONYMOUS

## 90. MADRIGAL

Io non son però morto
Donna come pensate
Perche più non m'amate

Anzi ritorn'in vita
Che l'alm' in voi sepolta
Da voi sendosi sciolta
Si trova esser'uscita
D'una prigion mortale
E cangia in vita e in ben la mort'e'l male.

—ANONYMOUS

## 91. MADRIGAL

Non è si denso velo
Se fosser monti sopra mont'imposti
Ne si remoto cielo
Che possa far nascosti
Et lontan quei bei lumi
Che ne mari ne fiumi
Ne paesi longinqui
Faran giamai che non mi sian propinqui.
I gl'hò si affisi a gl'occhi
Ch'a ogni sguardo ch'io scocchi
Parmi che quel splendor mi fenda il viso
Ch'in vita mi mantien poi che m'hà ucciso.

—ANONYMOUS

## 92. MADRIGAL

O dolcezze amarissime d'Amore
Quest'è pure il mio core
Quest'è pur il mio ben che più languisco
Che fa meco il dolor se ne gioisco.
Fuggite Amore amanti, Amore amico
O che fiero nemico
All'hor che vi lusinga all'hor che ride
Condisse i vostri pianti
Con quel velen che dolcemente ancide
Non credete ai sembianti
Che par soave et è pungente e crudo
Et è men disarmato all'hor ch'è nudo.

—ANONYMOUS

## 93. OTTAVA RIMA

Queste non son piu lachryme che fore
Spargo per gli ochi con si larga vena
Non suppliron le lachryme al dolore
Finir che a mezo era el dolor a pena
Dal foco spinto hor el vital humore
Fugge per questa via che a gli ochi mena

Et se qual che si versa trara insieme
Con la voglia la vita a l hore extreme.

—LODOVICO ARIOSTO

From *Orlando furioso*, 23, 126.

## 94. OTTAVA (Strambotto)

Aqua non e l humor che versan gli occhi
Ma sangue vivo in quel color converso
Amor non vol che natural trabochi
Per che fora spectacul troppo adverso
Fra tanti strali e tanti acuti stochi
In ogni modo sangue e quel ch io verso
Perho palido e sempre un amatore
Che quando piange sangue e quel humore.

—ANONYMOUS

## 95. MADRIGAL

Con lagrime, et sospir negando porge
Madonna i desiati basci al core.
Et perche tropp'ardore,
Dentr'al mio petto scorge
Si dona benche mesta al nostr'amore.

O grato, e dolce nodo,
Ov'io si liet' in servitu mi godo.

—ANONYMOUS

## 96. MADRIGAL

Vatten'almo riposo ecco ch'io torno
Et ne rimen'il giorno.
Levat'herbett' et fronde
Et vestitevi piagge et arboscelli
Uscit' o pastorelli
Uscit' o Nimphe bionde
Fuor del bel nido adorno
Ogn'un si svegli et muova al mio ritorno.

—ANONYMOUS

## 97. MADRIGAL

Dolce mio ben dolce colomba mia
Se'l veder voi m'ha tolto
Dispetto e gelosia
Tolto non mi fia gia che quel bel volto
Dentr'al mio cor non sia
E ch'io non porti nella ment'impresso
Quel che veder non puon gl'occhi d'apresso.

—ANONYMOUS

# THE ITALIAN MADRIGAL
## VOLUME III

# 1

## PACE NON TRUOVO E NON HO DA FAR GUERRA

FRANCESCO PETRARCH   *SONNET*   ANONYMOUS

do et bra-mo di pe - rir et chieg-gio a i - - - ta et
do et gual-men-te mi spia-ce mor-te et vi - - - ta in

ho in o - dio me stes - - so e a-mo al - tru - - - i i
que-sto sta - to so - - - no don-na per vu - - - i i

# 2

## QUESTO MOSTRARSI ADIRATA DI FORE

ANGELO POLIZIANO      *BALLATA*      HEINRICH YSAAC

Que-sto mo - strar-si a-di-ra - ta di fo - - re, don - na non mi di-spia - -

ce, pur ch'i stie'n pa - - - ce po - i col vo - - - stro co - - re

1. Ma per-ch'i so - - - - no del vo-stro a-mo - re in-cer - to, co-gli o-chi
2. I vi ve-gho el mio be-ne e'l mio mal cer - - - to, che se mo -

mi con - si - glio subito pi - glio spe - ran - za d'a - mo - re.

ve - t'un ci - glio

2. Se poi vi vego in atto disdegnosa,
   Par che il cor si disfaccia:
   Et credo allor di non poter far cosa,
   Donna, che mai vi piaccia:
   Cosi s'agiaccia et arde a tutte l'ore.

3. Ma se talor qualche pieta mostrassi
   Negl'occhi, o diva stella,
   No faresti d'amore ardere e sassi:
   Pieta fa donna bella:
   Pieta e quella, onde amor nasce e more.

(Poliziano)

# 3

## QUESTO MOSTRARSI LIETA A TUTTE L HORE

ANGELO POLIZIANO          BALLATA          BERNARDO PISANO

Que - sto mo - star - si lie - ta a tut - te l'ho - re non

Que - sto mo - star - si lie - ta a tut - te l'ho - re non

Que - sto mo - star - si lie - ta a tut - te l'ho - re non

so se mi si pia - ce per-che non tro - vo pa - ce in

so se mi si pia - ce per-che non tro-vo pa - ce in ri - si o

so se mi si pia - ce per-che non tro - vo pa - ce

ri - si o sguar-di o'n quel che ap - par di fo - re.

sguar-di (in ri - si o sguar-di) o'n quel ch'ap-par di fo - re.

in ri - si o sguar-di o'n quel ch'ap-par di fo - re.

(Piede)

Ma se di me qual mo - stra - te vi ca - le Da - te-ne un ve-ro se - 
D ar- der vi san-ga al-tro a me che va - le I non vi ho gia a sde - 

Ma se di me

Ma se di me qual mo - stra - te vi ca - le

gno
gno Ma que-sto sol non ba - sta a chi ar- de et mo - - - re.

*follow four "Piedi"*

# 4

## DE NO DE SI DE NO

ANONYMOUS  *FROTTOLA*  ANONYMOUS

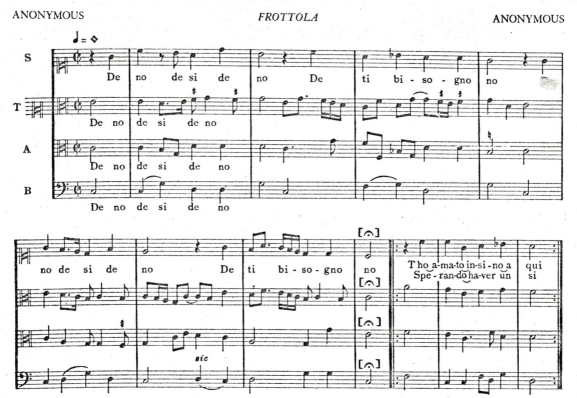

S De no de si de no De ti bi - so - gno no

T De no de si de no

A De no de si de no

B De no de si de no

no de si de no De ti bi - so - gno no T ho a - ma-to in-si - no a qui si
Spe - ran-do ha-ver un si

sic

Ma ho per so i pas si ei di Con tan - ta frau - de to.

*Three stanzas follow, and after each the "Ripresa" is repeated unto* [⌒]

# 5

## L AMOR DONNA CH IO TE PORTO

*FROTTOLA*

ANONYMOUS                                                    ANONYMOUS

La-mor don - na ch io te por-to Vo-len - tier vo-ria sco -pri-re El mio af-

L amor donna ch io te porto

L amor donna ch io te porto

fan-no vo - ria di - re Che per te sem-pre su - por-to.

*Two stanzas follow in Petrucci's edition, and more in manuscript sources.*

{ 5 }

# 6

## L INFERMO ALHOR PIU SE CONSUMA E SCALDA

ANONYMOUS

*STRAMBOTTO*

ANONYMOUS

Visto naturalmente una aqua calda
Sorger piu volte in qualche freddo locho
Una pietra fochal frigida e calda
Chi dirria dentro allei ci fosse focho
Si che non dir ch io freddo te risguarde
Che se pur ghiacio e il volto il cor tutto arde.

# 7

## RISENO I MONTI E L MAR MOSTRA BONAZA

ANONYMOUS

*STRAMBOTTO*

ANONYMOUS

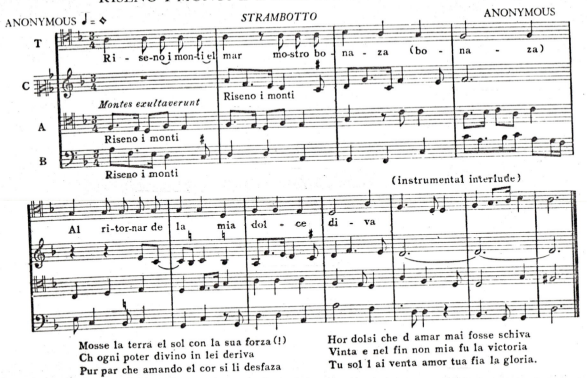

Mosse la terra el sol con la sua forza (!)
Ch ogni poter divino in lei deriva
Pur par che amando el cor si li desfaza

Hor dolsi che d amar mai fosse schiva
Vinta e nel fin non mia fu la victoria
Tu sol 1 ai venta amor tua fia la gloria.

# 8

## SIGNORA ANZI MIA DEA

ANONYMOUS

*ODA*

BARTOLOMEO TROMBONCINO

**instrumental interlude**

E che a te non venisse
Humil con reverentia
A chiederti licentia
Qual bon servo

Si che forsi protervo...
*etc. (9 stanzas)*

# 9

## POI CHE SON DI SPERANZA AL TUTTO PRIVO

ANONYMOUS        *CAPITOLO*        JOANNES LULINUS

C   Poi che son di spe - ran - za al tut - to pri -

T   Poi che son di speranza

A   Poi che son di speranza

B   Poi che son di speranza

vo   Et che a - mor pur mi vol per mor - to in ter -

ra   Mi ren - do suo pri - gion men - tre son vi - vo.

# 10

## QUEST E QUEL LOCHO AMORE SE TE RICORDA

ANONYMOUS                    *SONNET*                    FRANCESCO D'ANA

Et qui la voglia al suo mal troppo ingorda
Si levo a volo non havendo l ali
Qui cade ch i pensier son tutti frali
Se l poter col voler ben non s accorda.

Ma del dolor ch io provo ho un sol conforto
Ch io t ho gia rotto mille bei disegni
Che ognun al mio fallir s e facto accorto.

{ 9 }

# 11

## HOR CHE L CIEL ET LA TERRA E L VENTO TACE

FRANCESCO PETRARCH  *SONNET*  BARTOLOMEO TROMBONCINO

# 12

## S IL DISSI MAI CH I VENGA IN ODIO A QUELLA

FRANCESCO PETRARCH  *CANZON*  BARTOLOMEO TROMBONCINO

*follow two stanzas*

# 13

## SE PER COLPA DEL VOSTRO ALTIERO SDEGNO

JACOPO SANNAZARO  *BALLATA*  BARTOLOMEO TROMBONCINO

Se per col-pa del vo-stro al - tie - ro sde-gno Il
do-lor che m'af-flig - ge Ma-don-na me con-du - ce a l'al - tra sti-ge Non
ha-vro duol del mio sup - pli-cio in-de - - - gno Ne de l'e-ter-no
fo - co Ma de voi che ve - re - ti in si - mil lo-co

# 14

## IO MI PARTO MADONNA E L COR VI LASSO

ANONYMOUS                    *SONNET*                    A. ANTICO DA MONTONA

Io mi par-to ma-don-na e l cor vi las-so

Io mi par-to

Io mi par-to ma-don-na          e l cor vi las-so

Io mi par-to ma-don-na

An-ci me stes-so vi ri-man-go in pe-gno
E an-chor chio par-ta con voi star con-ve-gno

Che di voi pen-so e par lo ad o-gni

pas-so ad o-gni pas-so.

*Seconda quartina:*

Partomi parmi far 1 ultimo passo
Tanto mi parto pien di doglia e sdegno
Ma il vostro aspetto glorioso e degno
Par che mi dicha spiera oh spirto lasso.

E con que - sta fi - dan - za el ca - min pi - glio    Che gran ca -

gion e de te - ner-me in vi - ta    Men-tre che ha ro di bei vo -

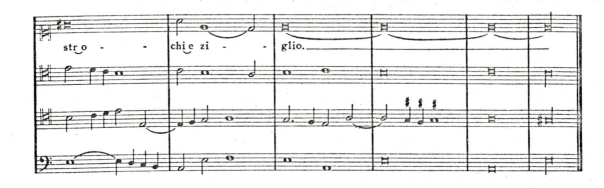

str o - chi e zi - glio.

*Seconda terzina:*

Ma ben per voi e mi fia la partita
Che forsi ove era dubio ho alcun bisbiglio
La fede d ambedoi seran chiarita.

*{ 17 }*

# 15

## COME HARO DONQUE ARDIRE

MICHELANGELO BUONARROTI · *MADRIGAL* · BARTOLOMEO TROMBONCINO

-pa- gnia- ro Ma- don - na chia- ra - men- te di -

mo- stra - ro La mia pro - pin- qua mor - te ei mei

mar - ti - ri Ma se ad- ve - ra che per ab - sen- tia ma -

i Mia fe- del ser - vi - tu va - di in o- bli - - o

# 16
## MADONNA QUAL CERTEZZA

ANONYMOUS

*MADRIGAL*

PHILIPPE VERDELOT

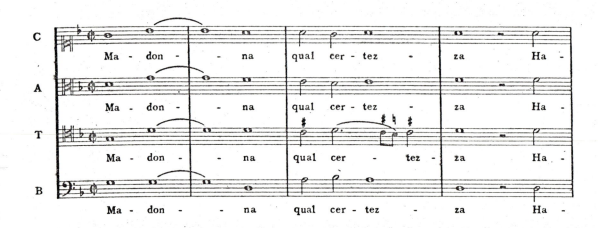

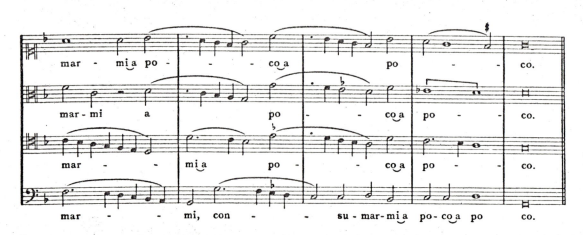

Hai - me non co - no - sce - te Che per mi - rar - vi fi - so Son

Hai - me non co no - sce - te Che per mi - rar - vi fi - so Son

Hai - me non co - no - sce - te Che per mi - rar - vi fi - so Son

Hai - me non co - no - sce - te Che per mi - rar - vi fi - so Son

co'l pen - sier da me tan - to di - vi - so Che

co'l pen - sier da me tan - to di - vi - so Che

co'l pen - sier da me tan - to di - vi - so Che

co'l pen - sier da me tan - to di - vi - so Che

trans - for - mar mi sen - t' in quel che se - te

trans - for - mar mi sen - t'in quel che se - te

trans - for - mar mi sen - t'in quel che se - te

trans - for - mar mi sen - t'in quel che se - te.

Las - so non v'ac-cor - ge-te Che po-scia ch'io fui pre-s'al vo-stro lac -

Las - so non v'ac-cor - ge-te Che po-scia ch'io fui pre-s'al vo-stro lac -

Las - so non v'ac-cor - ge-te Che po-scia ch'io fui pre-s'al vo-stro lac -

Las - so non v'ac-cor - ge-te Che po-scia ch'io fui pre-s'al vo-stro lac -

{ 22 }

cio Ar - ros - s'im - pal - li - di - - sco ar - d'et ag - - ghiac - cio.

Dun - que se cio ve - de - te Ma - don - na qual cer - tez - za Ha -

ver - si puo mag - gior del mio gran fuo - co Che ve - der con - su -

mar mi a po - - co a po - - co; Che - co.

# 17

## OGN'HOR PER VOI SOSPIRO

ANONYMOUS

*MADRIGAL*

PHILIPPE VERDELOT

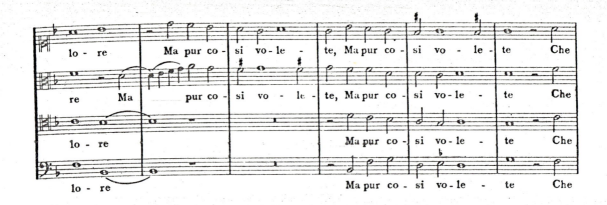

# 18

## GLORIARMI POSS'IO DONNE

ANONYMOUS

*MADRIGAL*

PHILIPPE VERDELOT

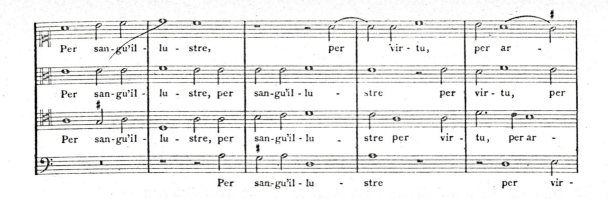

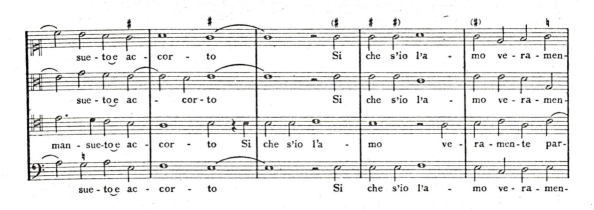

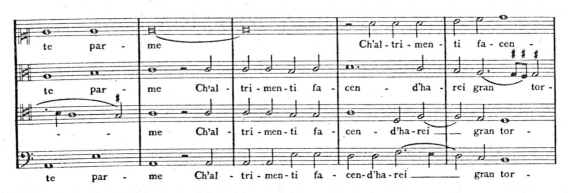

# 19

## MADONNA'L TUO BEL VISO

ANONYMOUS                    *MADRIGAL*                    PHILIPPE VERDELOT

ra tien vi - va mia spe - ran-z'hor mor - ta.

ran-z'hor mor - ta, hor mor - ta.

vi - va mia spe - ran-z'hor mor - ta.

mia spe - ran-z'hor mor - ta.

Et qual' hor scor - gh'in es - s'un bel se - re - no

Et qual' hor scor - gh'in es - s'un bel se - re - no

Et qual' hor scor-gh'in es - s'un bel se - re - no pie -

Et qual' hor scor-gh'in es - s'un bel se - re - no pie - ga la

Spie - ga la ve - l'al

Spie - ga la ve - l'al ven - ven -

ga la ve - l'al ven - to, al ven -

ve - l'al ven - to,

ven - to, Sen - za te - mer di sco - gli'o di pro - cel - la,

- to, Sen - za te - mer di sco - gli'o di pro - cel - la,

to, Sen - za te - mer di sco - gli'o di pro - cel - la,

Sen - za te - mer di sco - gli'o di pro - cel - la,

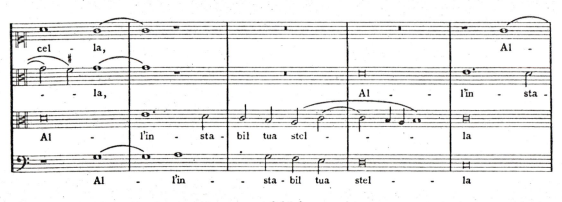

# 20

## DUR'E'L PARTITO DOVE M'ASTRINGETE

ANONYMOUS

*MADRIGAL*

COSTANZO FESTA

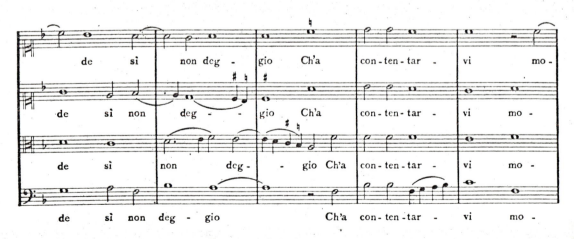

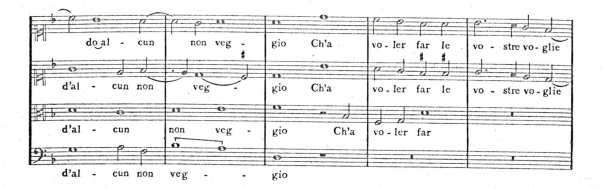

do al - cun non veg - gio Ch'a vo - ler far le vo - stre vo - glie

d'al - cun non veg - gio Ch'a vo - ler far le vo - stre vo - glie

d'al - cun non veg - gio Ch'a vo - ler far

d'al - cun non veg - gio

lie - te Trop - po m'im - por - ta, et car l'ho - nor

lie - te Trop - po m'im - por - ta, et car l'ho - - nor mi

Trop - po m'im - por - ta, et car l'ho - nor mi

Trop - po m'im - por - ta, et car l'ho - nor mi

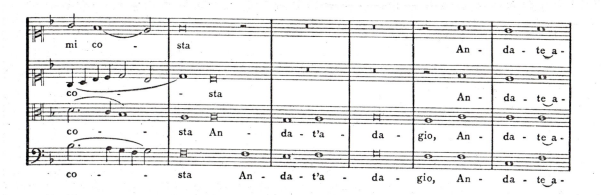

mi co - sta An - da - te a -

co - - sta An - da - te a -

co - - sta An - da - t'a - da - gio, An - da - te a -

co - - sta An - da - t'a - da - gio, An - da - te a -

da - gio et

da - gio et

da - gio et non cor - re - t'in fret - ta, et

da - gio et non cor - re - t'in fret - - ta, et

non cor - re - - t'in fret - - ta Che buon' e'l ben che col du-rar s'a-

non cor-re-t'in fret - - ta Che buon' e'l ben che col du-rar

non cor - re - - t'in fret - ta che

non cor - re - - t'in fret - - ta

spet - - ta Et se du-ran - do non vi par star sal-

s'a - spet - - ta Et se du-ran - do non vi par star

col du-rar s'a spet - ta Et se du-ran - do non vi par star

Et se du-ran - do non vi par star

do Tem - pra - te col mio fred - d'il vo - stro

sal - do Tem - pra - te col mio fred - d'il vo - stro

sal - do Tem - pra - te col mio fred - do il vo - stro

sal - do Tem - pra - te col mio fred - do il vo -

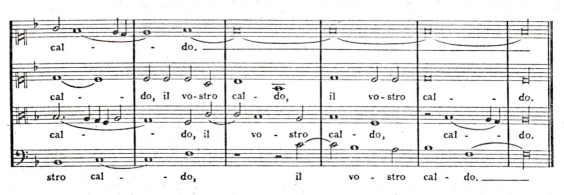

cal - - do.

cal - do, il vo-stro cal - do, il vo-stro cal - - do.

cal - - do, il vo - stro cal - do, cal - do.

stro cal - do, il vo - stro cal - do.

# 21

## COSI SUAV'È'L FOCO ET DOLCE IL NODO

ANONYMOUS

*MADRIGAL*

COSTANZO FESTA

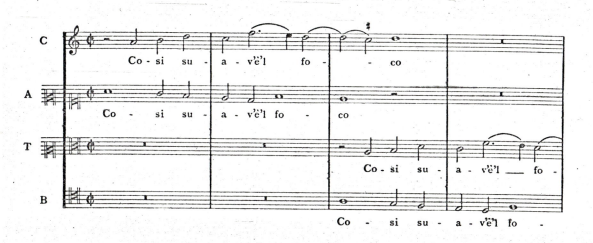

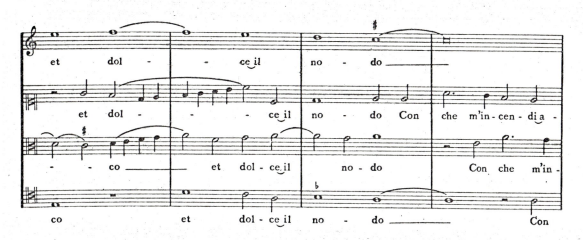

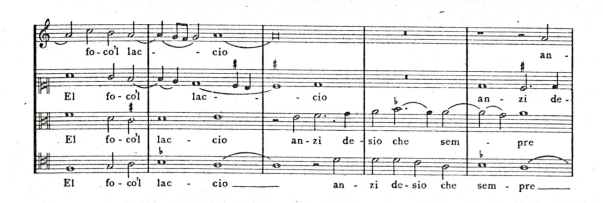

## 22

### IO MI RIVOLGO INDIETRO A CIASCUN PASSO

FRANCESCO PETRARCH — *SONNET* — JACQUES ARCADELT

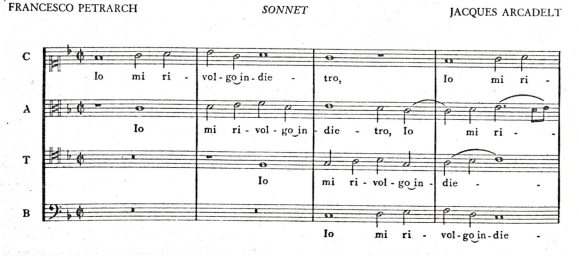

vol - go in - die - tro a cia-scun pas - so Col cor-po stan -

vol - go in - die - tro a cia-scun pas - so Col cor-po stan -

tro a cia-scun pas - so, a cia-scun pas - so Col cor-po stan -

tro a cia-scun pas - so, a cia-scun pas - so Col cor-po stan -

co ch'a gran pe - na por - to

co ch'a gran pe - na por - to Et pren-d'al hor del

- co ch'a gran pe - na por - to Et

co ch'a gran pe - na por - to Et pren-d'al -

Et pren-d'al - hor del vo - stro ae-re con - for - -

vo-str'ae-re con - for-to, Et pren-d'al-hor del vo - stro ae-re con -

pren-d'al-hor del vo - str'ae - re, Et pren-d'al-hor del vo - str'ae -

hor del vo-str'ae - re con - for - to

- - - to Che'l fa gir ol - tra, di - cen - d'oi - me

- for - to, Che'l fa gir ol - tra, di - cen - d'oi - me

re con-for - to, Che'l fa gir ol - tra, di - cen-d'oi - me

Che'l fa gir ol - tra, di - cen - d'oi -

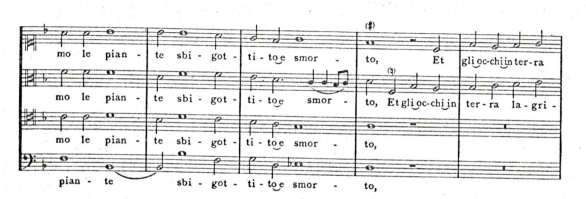

# 23

## SE PER COLPA DEL VOSTRO FIERO SDEGNO

JACOPO SANNAZARO       *MADRIGAL*       JACQUES ARCADELT

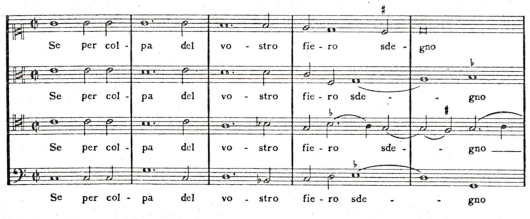

Il do - lor che m'af - flig - ge Ma - don - na mi tra - spor - t'a

l'al - tra stig - ge Non ha - vrò duol del mio sup - pli - tio in -

de - gno Ne de l'e - ter - no fo - co Ma di voi

che ver - re - t'a si - mil lo - co Per - che so - ven - t'in voi mi -

ran - do fi - - so Per vir - tu del bel vi - so

voi mi - ran - do fi - so Per vir - tu del bel vi -

voi mi - ran - do fi - so Per vir - tu del bel vi -

Per vir - tu del bel vi - so Pe -

Pe - na non fia la giù che'l cor mi toc - chi, che'l

so Pe - na non fia la giù che'l cor mi toc - chi, che'l

so Pe - na non fia la giù che'l cor mi toc - - chi, che'l

na non fia la giù che'l cor mi toc - - chi,

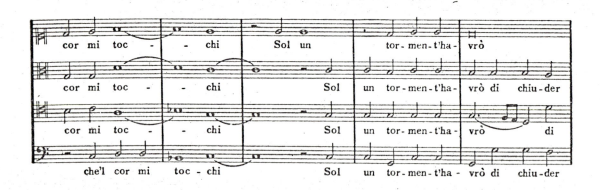

cor mi toc - - chi Sol un tor - men - t'ha - vrò

cor mi toc - - chi Sol un tor - men - t'ha - vrò di chiu - der

cor mi toc - - chi Sol un tor - men - t'ha - vrò di

che'l cor mi toc - chi Sol un tor - men - t'ha - vrò di chiu - der

di chiu - der gli oc - chi, di chiu - der gli oc - - chi.

gli oc - chi, Sol un tor - men - t'ha - vrò di chiu - der gli oc - - chi.

chiu - der gli oc - - - chi, di chiu - der gli oc - chi.

gli oc - chi, di chiu - der gli oc - chi, di chiu - der gli oc - - chi.

# 24

## AMOR LA TUA VIRTUTE

PIETRO BEMBO

*BALLATA*

JACQUES ARCADELT

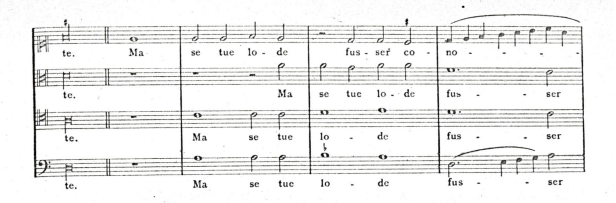

te.  Ma  se tue lo - de  fus - ser co - no - - - -

te.  Ma se tue lo - de fus - - ser

te.  Ma  se tue lo - de  fus - - ser

te.  Ma  se tue lo - de  fus - - ser

- sciu - - te  Tra

co - no - sciu - te  Tra noi  si  co - me la do -

co - no - sciu - te Tra noi  si co - me  la do - ve ri -

co - no - sciu - te Tra noi  si  co - me  la do - ve ri -

noi  si  co - me la do - ve ri - splen - de Più del tuo

ve ri - splen - - de  Più del tuo vi - vo

splen - de  Più del tuo  vi - vo rag - gio Drit -

splen - - de  Più del tuo vi - vo rag - -

vi - vo rag - gio  Drit - to ca - mi - n'e sag - - gio

rag - gio Drit - to ca - mi - n'e  sag - gio

to ca - mi - n'e  sag - gio

gio  Drit - to ca - mi - n'e  sag - gio

Pren - de - ria  no - stra vi - ta  che nol  pren - de  E

Pren - de - ria  no - stra vi - ta  che  nol  pren - de  E

Pren - de - ria  no - stra vi - ta  che  nol  pren - de  E

Pren - de - ria  no - stra vi - ta  che nol pren - de

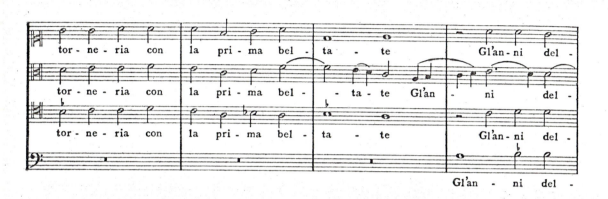

tor - ne - ria  con  la  pri - ma bel - ta - te  Gl'an - ni  del -

tor - ne - ria  con  la  pri - ma bel - ta - te Gl'an - ni  del -

tor - ne - ria  con  la  pri - ma bel - ta - te  Gl'an - ni  del -

Gl'an - ni  del -

l'o - ro e  la  fe - li - c'e - ta - te, Gl'an -

- l'o - ro  e  la fe - li - c'e - ta - te,

l'o - ro  e  la fe - li - c'e - ta - te,

l'o - ro  e la  fe - li - c'e - ta - te,

- ni del - l'o - ro,  e  la fe - li - c'e - ta - te.

Gl'an - ni del - l'o - ro e  la  fe - li - c'e - ta - te.

Gl'an - ni del - l'o - ro  e  la fe - li - c'e - ta - te.

Gl'an - ni del - l'o - ro  e la  fe - li - c'e - ta - te.

{ 46 }

# 25

## A CHE NE STRINGI O SCELERATA FAME

ANONYMOUS

*MADRIGAL*
*(for a comedy)*

FRANCESCO CORTECCIA

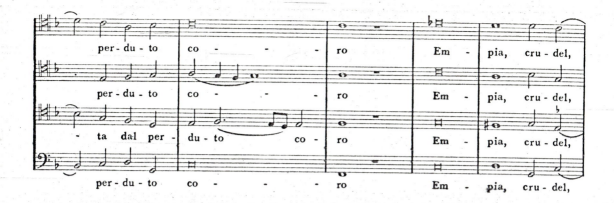

# 26

## IO DICO E DISSI E DIRÒ FIN CH'IO VIVA

LODOVICO ARIOSTO

*OTTAVA RIMA*
from *Orlando furioso*

FRANCESCO CORTECCIA

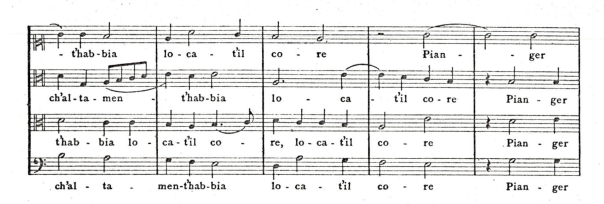

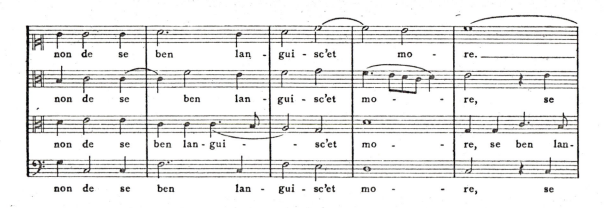

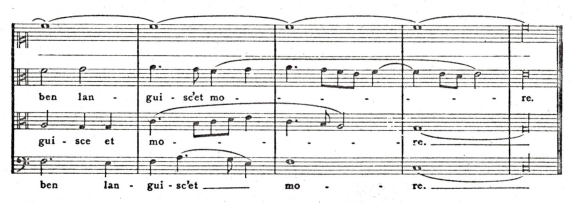

# 27

## QUEST'IO TESSEVA E QUELLE

ANONYMOUS

*MADRIGAL*

FRANCESCO CORTECCIA

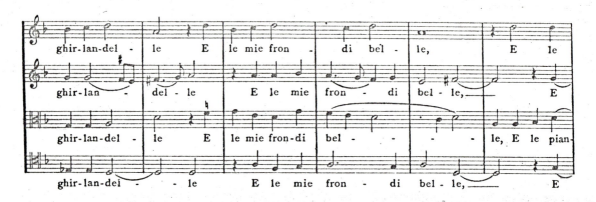

# 28

## TUA VOLSI ESSER SEMPRE MAI

ANONYMOUS      *FROTTOLA*      GIACOMO FOGLIANO

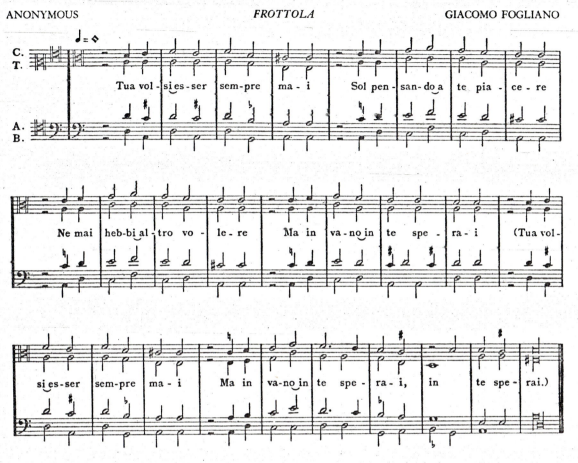

Tua vol-si es-ser sem-pre ma - i Sol pen-san-do a te pia-ce-re Ne mai heb-bi al-tro vo-le-re Ma in va-no in te spe-ra-i (Tua vol-si es-ser sem-pre ma-i Ma in va-no in te spe-ra-i, in te spe-rai.)

Tua volsi esser sempre mai
Et di me ti duoli atorto
Non ti vo per homo morto
Ma tu ben lassato m hai.

Tua volsi esser sempre mai
Ne mai t ho di me scacciato
Ma nel cor sempre serrato
Fammi mal quanto tu sai.

Tua volsi esser sempre mai
Mai ti roppi triegua o pace
Fuggi pur quanto ti piace
Perche mio sempre sarai.

Tua volsi esser sempre mai
Et se vivi in doglia et pianto
Non me dare a me gia 1 vanto
Ch io faro quel che vorrai.

Tua volsi esser sempre mai
Nel tuo amor constante et forte
Saro sempre infino a morte
Tua saro se tu vorrai.

# 29

## IO VORREI DIO D'AMORE

ANONYMOUS      *MADRIGAL*      GIACOMO FOGLIANO

Io vo - rei dio d'a - mo - re____ Che tu me con-for-

# 30
## IO MI SON GIOVINETT'E VOLONTIERI

GIOVANNI BOCCACCIO · *BALLATA* · DOMENICO FERABOSCO

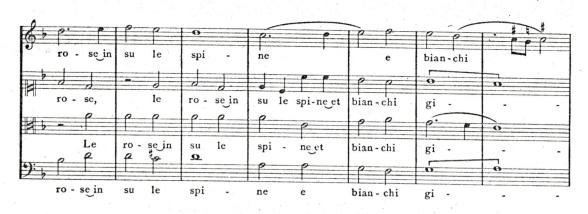

so - mi - glian - do Al vi - so di co - lui, al

vo so - mi - glian - do Al vi - so di co - lui, al

glian-do al vi - so di co - lu - i, al vi - so di co - lui, al

ti io vo so - mi - glian - do Al

vi - so di co - lui Ch'a-man-do- mi, ch'a-man-do- mi mi pre-se et

vi - so di co - lui Ch'a-man-do- mi, ch'a-man-do- mi mi pre -

vi - so di co - lui Ch'a-man-do- mi, ch'a-man-do- mi mi pre -

vi - so di co - lui Ch'a-man-do- mi, ch'a-man-do-mi mi pre -

ter - rà sem - pre, Ch'a-man-do- mi, ch'a-man-do-

se et ter - rà sem - pre, Ch'a-man-do- mi, ch'a-man-do-

se et ter - rà sem - pre, Ch'a-man-do- mi, ch'a-man-do-

se et ter - rà sem - pre, Ch'a-man-do- mi, ch'a-man-do-

mi mi pre - se et ter - rà sem - pre.

mi mi pre - se, mi pre - s'et ter - rà sem - pre.

mi mi pre - se et ter - rà sem - pre.

mi mi pre - se et ter - rà sem - pre.

# 31

## AMOR MI FA MORIRE

BONIFAZIO DRAGONETTO       *MADRIGAL*       ADRIAN WILLAERT

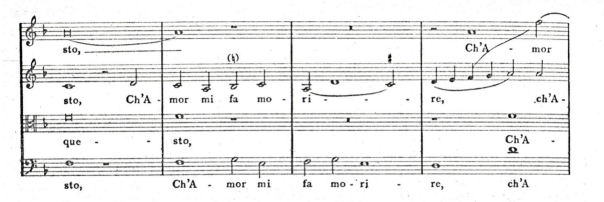

# 32

## LIETE, E PENSOSE, ACCOMPAGNATE, E SOLE

FRANCESCO PETRARCH  *SONNET*  ADRIAN WILLAERT

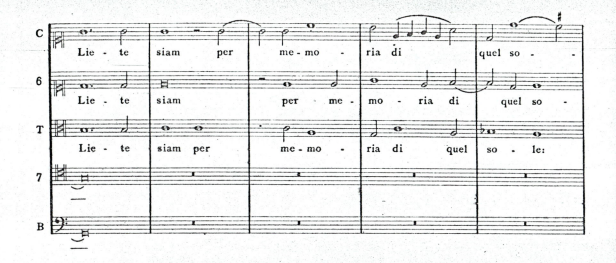

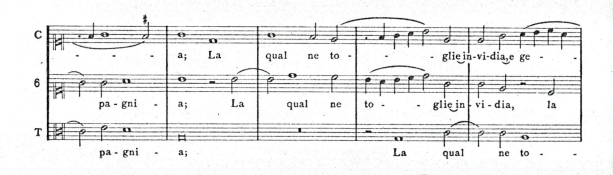

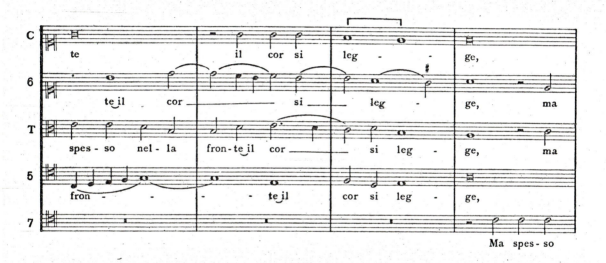

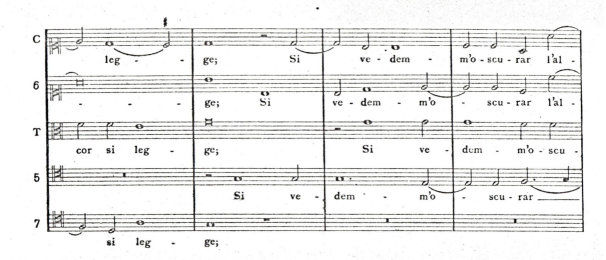

# 33

## UN CAVALIER DI SPAGNA

ANONYMOUS

*VILLOTTA*

ANONYMOUS (MESSER FRA
PIETRO DA HOSTIA?)

# 34

## LA PASTORELLA MIA

*VILLANELLA*

JACQUES ARCADELT

La pa-sto-rel-la mi-a Sen-z'al-tra com-pa-gni-a So let-t'al suo giar-di-no Per co-glier pe-tro-si-no se n'an-da-va La non par-la-va Mi si sfor-za-va Di mo-strar-mi con la ma-no: Fuor del-la vil-la o bel vil-la-no, Ch'io me ne va-do po-co lon-ta-no Ve-ni-rai pian pian O bel vil-la-no bel vil-la-no.

# 35

## POI CHE VOLSE LA MIA STELLA

ANONYMOUS *FROTTOLA* BARTOLOMEO TROMBONCINO

Poi che vol - se la mia stel - la
Per mi - rar l'al - ta bel - ta - de Du - na al - pe - stra vil - la - nel - la Ch'io per - des - se li - ber - ta - de Can - tar vo - glio mil - le fia -

de Per sfo - car el fie - ro ar-do - re: Che

fa la ra - ma - ci - na car a - mo - r (e) Deh che fa la che la non

vien, Che fa la ra - ma - ci - na car a - mor Deh che fa

la che la non vien, che non vien.

# 36

## POI CHE VOLSE DE LA MIA STELLA

ANONYMOUS
*VILLOTTA ALLA PADOANA*
FILIPPO AZZAIUOLO

Poi che vol-se de la mia stel - la Deh per mi-ra-re
deh la sua bel-ta-de E d'i-na po-ve-ra vi-du-el-la Deh
ch'a per-du-ta la sua li-ber-ta-de Deh can-tar vo-glio do per mil-le fiate Sol per sfo-ga-re me do quel cie-co ar-do-re: Che fa che fa le bel-le pu-te
me do vi-va l'a-mo-re Do che fa le me do che le non
vien fa la le la fa la le la le lu le la fa
le lu le la do che fa le do che le non vien.

# 37

## O TREZZE BIONDE ANCI CAPELLI D'ORO

ANONYMOUS

*VILLANELLA*
*(CANZON VILLANESCA)*

GIOVAN TOMMASO DI MAIO

O trez-ze bion - de an - ci ca - pel - li d'o - ro ca - pel - li d'o - ro O trez-ze bion - de an - ci ca - pel - li d'o - ro ca - pel - li d'o - ro Oc - chi di stel - le mi - e oc - chi di stel - le mie fron - te de lu - na oc - chi di stel - le mie fron - te de lu - na Et a me tan - to et a me tan - to ne - mi-ca la for - tu - na et a me

tan - to    et a me tan - to    ne - mi-ca la for - tu - na.

Boca di perle: e di rubin thesoro  
Volto: che latte: e rose in se raduna  
Et a me tanto —

Che sol mirando in voi rinasco e moro  
Che tua belta ogn'altra bella inbruna  
Et a me tanto —

Altro non manch'a voi non v'amirate  
Se non haver di me qualche pietate  
Ch'esser pietosa avanz'a ogni beltate

# 38

## TUTTE LE VECCHIE SON MALECIOSE

ANONYMOUS      *VILLANELLA*      GIOVAN TOMMASO DI MAIO  
           *(CANZON VILLANESCA)*

Tut - te le vec - chie tut-te le vec-chie son ma-le-ci-o-se C'han - no per - du-ta la sta-scio - ne ve - ra c'han- no per - du-ta la sta-scio - ne ve - ra Que - sto lo di-co a te que - sto lo di-co a te vec-chia tra-me - ra. Que - ra.

Superb' ingrate: misere: e letrose  
Chi nollo crede: mir al' ala cera  
Questo lo dico —

La meglio parte: so tutte picose  
Che fanno se non tossere la sera  
Questo lo dico —

Fuggite tutte ste vecchiarde amare  
Citelle che v'haviite ammaritare  
State a piacer' fatele crepare

# 39

## CHI LA GAGLIARDA DONNA VO IMPARARE

ANONYMOUS

*CANZON VILLANESCA* (*MASCHERATA*)

GIOVAN DOMENICO DA NOLA

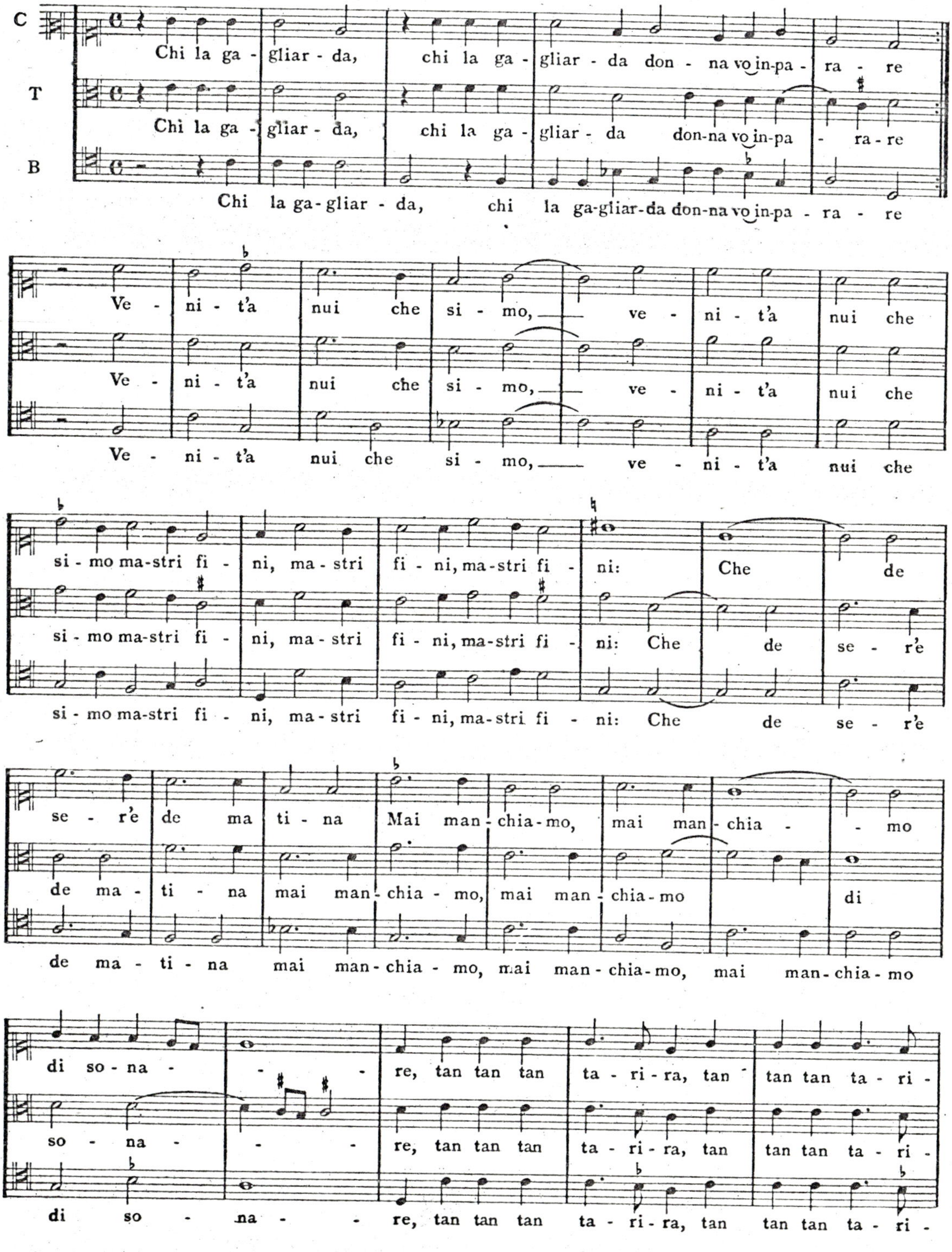
C
T
B
Chi la ga - gliar - da, chi la ga - gliar - da don - na vo in-pa - ra - re
Chi la ga - gliar - da, chi la ga - gliar - da don-na vo in-pa - ra - re
Chi la ga-gliar - da, chi la ga-gliar-da don-na vo in-pa - ra - re
Ve - ni - t'a nui che si - mo, ve - ni - t'a nui che
si - mo ma-stri fi - ni, ma - stri fi - ni, ma-stri fi - ni:
Che de se - r'e de ma ti - na Mai man - chia-mo, mai man - chia - mo
de ma - ti - na mai man - chia - mo, mai man - chia - mo
de ma - ti - na mai man - chia - mo, mai man - chia - mo, mai man - chia - mo
di so - na - re, tan tan tan ta - ri - ra, tan tan tan ta - ri -
so - na - re, tan tan tan ta - ri - ra, tan tan tan ta - ri -
di so - na - re, tan tan tan ta - ri - ra, tan tan tan ta - ri -

ra, tan tan tan ta - ri - ra, ra ri ru ra: tan tan tan ta - ri -

ra, tan tan tan ta - ri - ra, ra ri ru ra: tan tan tan ta - ri -

ra, tan tan tan ta - ri - ra, ra ri ru ra: tan tan tan ta - ri -

ra, tan tan tan ta - ri - ra, tan tan tan ta - ri - ra, ra ri ru ra.

ra, tan tan tan ta - ri - ra, tan tan tan ta - ri - ra, ra ri ru ra.

ra, tan tan tan ta - ri - ra, tan tan tan ta - ri - ra, ra ri ru ra.

Provange un poco cance voi chiamare
Appassa diece volte che salimo
Che de ser'e de matina...

Chi la gagliarda donna vo imparare
Sotto lo mastro elle bisognia stare
Che de ser'e de matina...

A ch'e principiante li vo dare
Questo compagnio ch'a nome Martino
Che de ser'e de matina...

# 40

## MADONNA MIA PIETÀ CHIAM' ET AITA

ANONYMOUS       *CANZON VILLANESCA*       VINCENZO FONTANA

Ma - don - na mia pie - tà, Ma - don - na mia pie - tà

Ma - don - na mia pie - tà, Ma - don - na mia pie -

Ma - don - na mia pie - tà, Ma - don - na mia pie -

chia - m'et a - i - ta    ta    Ch'io mo - ro e

tà chia - m'et a - i - ta    ta Ch'io mo - ro e sten - to, ch'io

tà chia - m'et a - i - ta    ta Ch'io mo - ro e sten - to, ch'io

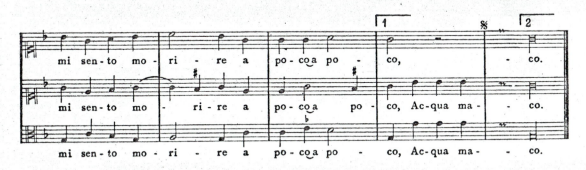

Vostra altiera beltà sola infinita
Gli è causa ch'io me abbruscio e'l consentete,
       Pur grido...

Hormai le scema l'affannata vita
Nol credi e con vostri occhi lo vedete
       Pur grido...

Di chiedervi mercè son quasi roco
Sol della pena mia prendete gioco!
       Pur grido in ogni loco
       Acqua madonna al foco.

# 41

## CHICHILICHI-CUCURUCU

ANONYMOUS (DA NOLA?)        *MORESCA*        GIOVAN DOMENICO DA NOLA(?)

Tut - ta not - te tu dor - mu - ta Mai a me tu ba - scia - ta

Tut - ta not - te tu dor - mu - ta Mai a me tu ba - scia - ta

Tut - ta not - te tu dor - mu - ta Mai a me tu ba - scia - ta

Cu cu ru cu Cu cu ru cu Cu cu ru cu Che pa - pa la sa - gna Met - ter' uc - cel - li

Cu cu ru cu Cu cu ru cu Cu cu ru cu Che pa - pa la sa - gna Met - ter' uc - cel - li

Cu cu ru cu Cu cu ru cu Cu cu ru cu Che pa - pa la sa - gna Met - ter' uc - cel - li

en - tr'a giao - la Cu cu ru cu Cu cu ru cu Le - va da lo - co Pi - glia zam -

en - tr'a giao - la Cu cu ru cu Cu cu ru cu Le - va da lo - co Pi - glia zam -

en - tr'a giao - la Cu cu ru cu Cu cu ru cu Le - va da lo - co Pi - glia zam -

po - gna Va so - nan - do per chis - sa can - tu - na li - rum - li li - rum - li li - rum

po - gna Va so - nan - do per chis - sa can - tu - na li - rum - li li - rum - li li - rum

po - gna Va so - nan - do per chis - sa can - tu - na li - rum - li li - rum - li li - rum -

li - rum li - rum - li Las - sa ca - rum - pa ca - nel - la las - sa Mar - ti - na las -

li - rum li - rum - li Las - sa ca - rum - pa ca - nel - la las - sa las - sa Mar -

li - rum li - rum - li Las - sa ca - rum - pa ca - nel - la las - sa Mar - ti - na las -

sa Lu - ci - a las - sa las - sa las - sa las - sa Lu - ci - a

ti - na las - sa las - sa las - sa las - sa Lu - ci - a

sa Mar - ti - na las - sa las - sa Lu - ci - a

U Ma - don - na a ti ci - cum bar - bu - ni ca tu tu ni

U Ma - don - na u ma - ce - ra ca tu tu ni

U Ma - don - na u ma - ce - ra ca tu tu ni

*(Andante)*

So - na so - n'e non gli da - re li - rum - li li - rum - li

So - na so - n'e non gli da - re li - rum - li li - rum - li

So - na so - n'e non gli da - re li - rum - li li - rum - li

*(Presto)*

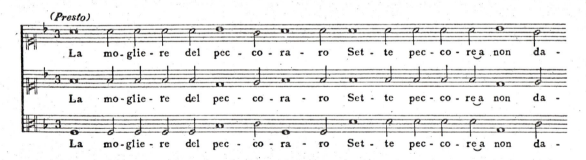

La mo - glie - re del pec - co - ra - ro Set - te pec - co - re a non da -

La mo - glie - re del pec - co - ra - ro Set - te pec - co - re a non da -

La mo - glie - re del pec - co - ra - ro Set - te pec - co - re a non da -

na - ro Se ce fus - se ca - ro - so mi - o Cin - co pec - co - re a

na - ro Se ce fus - se ca - ro - so mi - o Cin - co pec - co - re a

na - ro Se ce fus - se ca - ro - so mi - o Cin - co pec - co - re a

no car-li-no Au-za la gam-ba ma-don-na Lu-ci-a Stien-di la
no car-li-no Au-za la gam-ba ma-don-na Lu-ci-a Stien-di la
no car-li-no Au-za la gam-ba ma-don-na Lu-ci-a Stien-di la

ma-no pi-glia zam-po-gna Sau-ta no po-co con Ma-stro Mar-ti-no
ma-no pi-glia zam-po-gna Sau-ta no po-co con Ma-stro Mar-ti-no
ma-no pi-glia zam-po-gna Sau-ta no po-co con Ma-stro Mar-ti-no

li-rum li-ru, li-rum li li-rum li li-rum li li-rum li-rum.
li-rum li-ru, li-rum li li-rum li li
li-rum li-ru, li-rum li li-rum li li

# 42

## O DOLCE VITA MIA CHE T'HAGGIO FATTO

ANONYMOUS  *CANZON VILLANESCA*  GIOVAN DOMENICO DA NOLA

O dol-ce… O dol-ce vi-ta mia, O
O dol-ce… O dol-ce vi-
O dol-ce… O dol-ce vi-ta mia,

dol-ce, O dol-ce vi-ta mia che t'hag-gio fat-to,
ta mia, O dol-ce vi-ta mia che t'hag-gio fat-to,
O dol-ce, O dol-ce vi-ta mia che t'hag-gio fat-to,

Se sai per tuo amor son quasi matto
Ch'atte de l'ardor mio niente te dole
       Et io me strugo...

Mo son perduto e tengomi disfatto
Che m'ai mandat'a coglier le viole
       Et io me strugo...

Questo è pur vero che non è lo specchio
Ch'amore novo sempre caccia il vecchio
       Et io me strugo...

# 43

## O DOLCE VITA MIA CHE T'HAGGIO FATTO

ANONYMOUS      *CANZON VILLANESCA*      ADRIAN WILLAERT

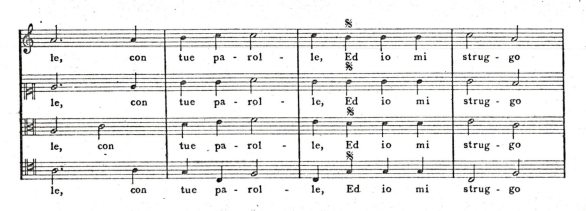

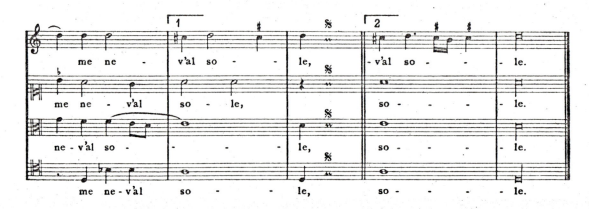

# 44

## OGN'HOR DIRÒ CAPELLI STRALUCENTI

ANONYMOUS (CIMELLO?)      *CANZON VILLANESCA ALLA NAPOLETANA*     THOMASO CIMELLO

Vorria saper se per incantamenti
In si fin oro tutti son mutati
      Poiche...

Tante cathene oyme tanti serpenti
Mi sono intorno al core diventati
      Poiche...

Ma la speranza d'haver piu favore
Mi fa dolce e suave ogni dolore
      Poiche...

# 45

## PER MEZZ'I BOSCH'INHOSPITI E SELVAGGI

FRANCESCO PETRARCH                    *SONNET*                    CIPRIANO DE RORE

Seconda parte

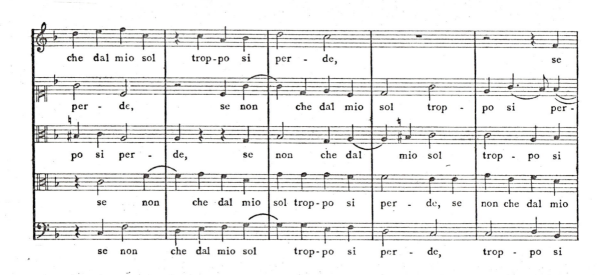

# 46

## PADRE DEL CIEL DOPPO I PERDUTI GIORNI

FRANCESCO PETRARCH · *SONNET* · CIPRIANO DE RORE

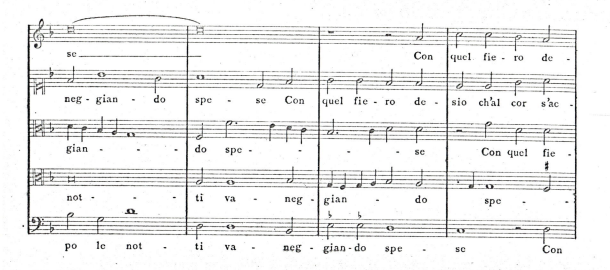

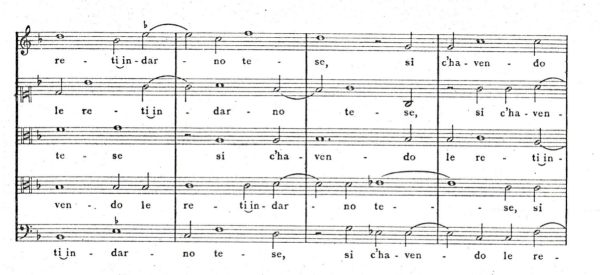

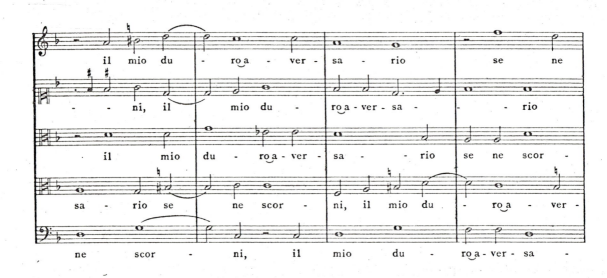

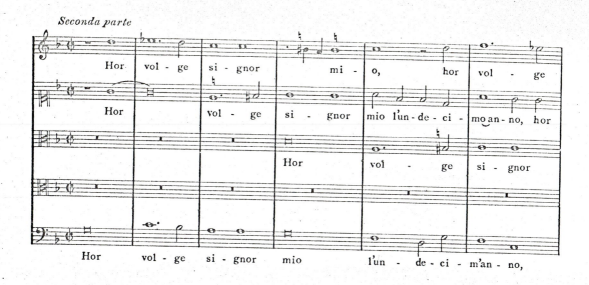

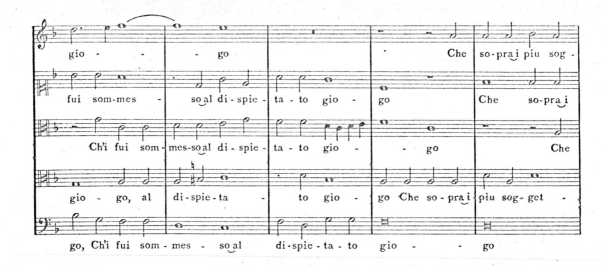

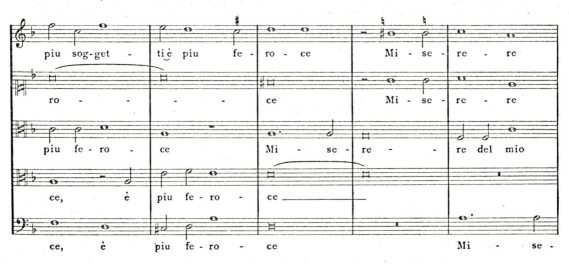

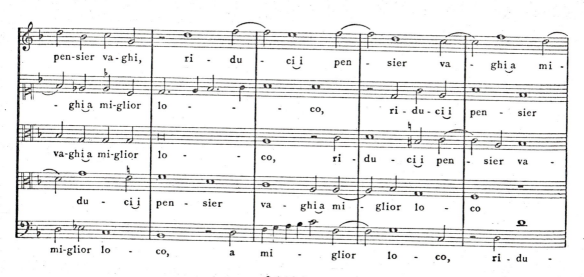

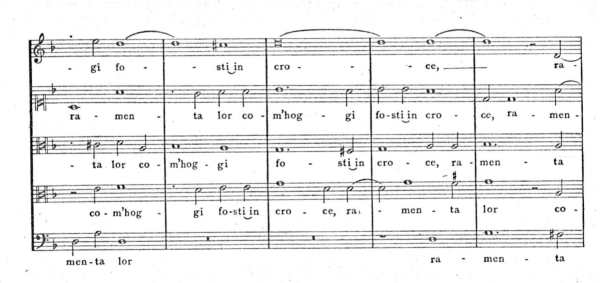

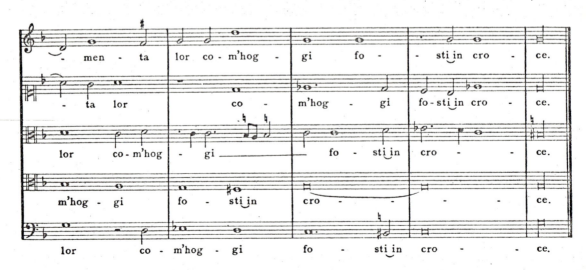

# 47

## ANCHOR CHE COL PARTIRE

ALFONSO D'AVALOS
MARCHESE DEL VASTO

*MADRIGAL*

CIPRIANO DE RORE

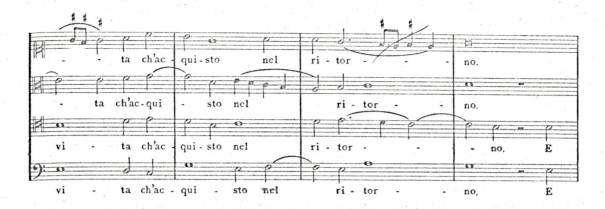

- ta ch'ac - qui - sto nel ri - tor - - no.

- ta ch'ac-qui - sto nel ri - tor - - no.

vi - ta ch'ac - qui - sto nel ri - tor - - no. E

vi - ta ch'ac - qui - sto nel ri - tor - - no. E

E co - si mil - l'e mil - le vol-t'il gior - no, mil - l'e mil - le vol-t'il

E co - si mil - l'e mil - le vol-t'il gior - no, e co - si mil -

co - si mil - l'e mil - le vol-t'il gior - no, mil - l'e mil - le vol-t'il gior-no, mil - l'e

co - si, e co - si mil - l'e mil - le vol - te,

gior - no Par - tir da voi vor - re - i:

l'e mil - le vol - t'il gior - no Par - tir da voi vor-re - - i: Tan-to son dol -

mil - le vol-t'il gior - no Par - tir da voi vor - re - i:

mil - l'e mil - le vol-t'il gior - no Par - tir da voi vor - re - i: Tan-to son dol -

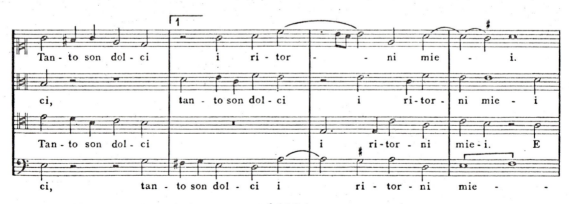

Tan - to son dol - ci i ri - tor - - ni mie - i.

ci, tan - to son dol - ci i ri - tor - ni mie - i

Tan - to son dol - ci i ri - tor - ni mie - i. E

ci, tan - to son dol - ci i ri - tor - ni mie - -

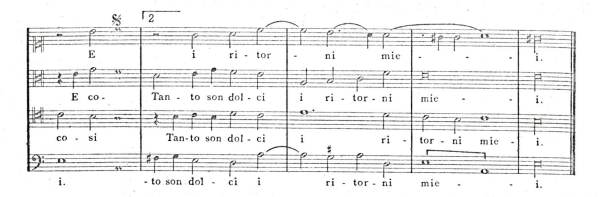

# 48

## CRUDELE ACERBA INEXORABIL MORTE

FRANCESCO PETRARCH         *SESTINA*         CIPRIANO DE RORE

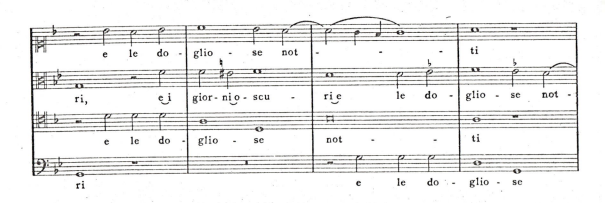

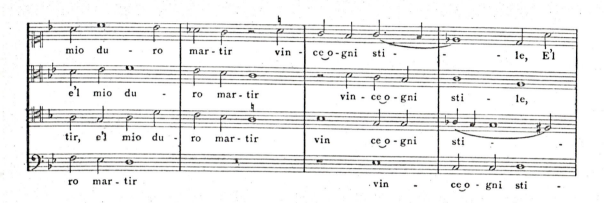

# 49

## O SONNO O DELLA QUETA HUMIDA OMBROSA

GIOVANNI DELLA CASA  *SONNET*  CIPRIANO DE RORE

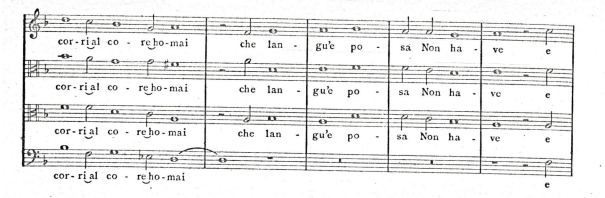

cor - ri al co - re ho - mai     che lan - gu'e po - sa Non ha - ve     e

cor - ri al co - re ho - mai     che lan - gu'e po - sa Non ha - ve     e

cor - ri al co - re ho - mai     che lan - gu'e po - sa Non ha - ve     e

cor - ri al co - re ho - mai                      e

que - ste mem - bra stan - ch'e fra li So - le - va    a me t'en - vo

que - ste mem - bra stan - ch'e fra li So - le - va       a    me t'en -

que - ste mem - bra stan - ch'e fra li So - le - va       a    me t'en -

que - ste mem - bra stan - ch'e fra li So - le - va       a    me t'en - vo

la o son - no,    a me t'en - vo - la o son - no    e

vo - la o son - no,       a    me t'en - vo - la o son - no    e

vo - la o     son - no,       a    me t'en - vo - la o son - no    e

la o       son - no,    a me t'en - vo - la o       son - no    e

l'a - li Tue bru - ne    so - vra me di - sten - di e    po - sa.

l'a - li Tue bru - ne    so - vra me di - sten - di e    po - sa.

l'a - li Tue bru - ne    so - vra me di - sten - di e    po - sa.

l'a - li Tue bru - ne    so - vra me di - sten - di e    po - sa.

Seconda parte

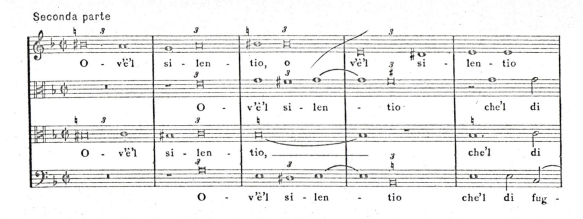

O - v'è'l si - len - tio, o v'è'l si - len - tio

O - v'è'l si - len - tio che'l di

O - v'è'l si - len - tio, che'l di

O - v'è'l si - len - tio che'l di fug -

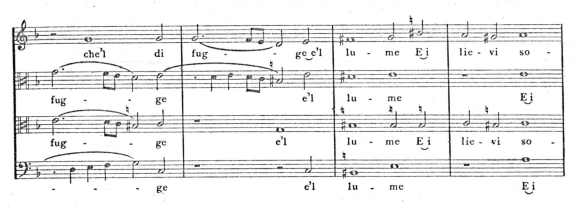

che'l di fug - ge e'l lu - me E i lie - vi so -

fug - ge e'l lu - me E i

fug - ge e'l lu - me E i lie - vi so -

- ge e'l lu - me E i

gni che con non si - cu - re Ve - sti - gia di se - guir-ti han per co -

lie vi so - gni che con non si - cu - re Ve - sti - gia di se - guir-ti han per co -

gni che con non si - cu - re Ve - sti - gia di se - guir-ti han per co -

lie-vi so - gni che con non si - cu - re Ve - sti - gia di se - guir-ti han per co -

stu - me Las - so, las - so ch'in-van te chia - mo e

stu - me Las - so, las - so ch'in-van te chia - mo

stu - me Las - so, las - so ch'in-van te chia - m'e que -

stu - me Las - so ch'in-van te chia - m'e

# 50

## COM'ESSER PUÒ CHE SI CONTRARI EFFETTI

ANONYMOUS

*OTTAVA RIMA*

PIETRO TAGLIA

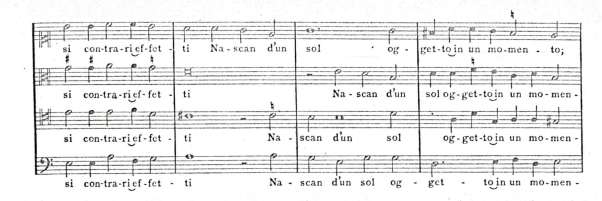

si con-tra-ri ef-fet - ti Na - scan d'un sol og - get-to in un mo-men - to;

si con-tra-ri ef-fet - ti Na - scan d'un sol og-get-to in un mo-men -

si con-tra-ri ef-fet - ti Na - scan d'un sol og-get-to in un mo-men -

si con-tra-ri ef-fet - ti Na - scan d'un sol og - get - to in un mo-men -

in un mo - men-to? Co - m'es - ser può, co - m'es - ser

to; in un mo - men-to? Co - m'es - ser può, co - m'es - ser

to; in un mo-men - to? Co - m'es - ser può, co - m'es - ser

to; in un mo-men - to? Co - m'es - ser può, co - m'es - ser

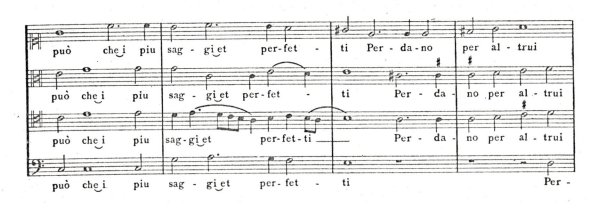

può che i piu sag - gi et per-fet - ti Per - da - no per al - trui

può che i piu sag - gi et per-fet - ti Per - da - no per al - trui

può che i piu sag-gi et per-fet-ti Per - da - no per al - trui

può che i piu sag - gi et per-fet - ti Per -

o - gni ar-di-men - to? o - gni ar - di-men - to? Co - m'es-ser può che

o - gni ar-di-men - to? o - gni ar-di-men - to? Co - m'es-ser può che

o - gni ar - di-men - to? o - gni ar-di-men - to? Co - m'es-ser può che

- da - no per al - trui o - gni ar-di-men - to? Co - m'es-ser può che

ne mor-ta - li pet - ti Sia ghiac - cio'l fo - co e dol - ce

ne mor-ta - li pet - ti Sia ghiac - cio'l fo - co e dol - ce

ne mor-ta - li pet - ti Sia ghiac - cio'l fo - co e dol - ce

ne mor-ta - li pet - ti Sia ghiac - cio'l fo - co e dol - ce

sia'l tor - men - to? E pur è ver ch'io per co-lei ch'a-do -

sia'l tor - men - to? E pur è ver ch'io per co-lei ch'a-do -

sia'l tor - men - to? E pur è ver ch'io per co-lei ch'a-do -

sia'l tor - men - to? E pur è ver ch'io per co-lei ch'a-do -

ro, Mil - le vol - t'il di na-sco e mil-le mo - ro; Mil - le vol-t'il di

ro, Mil - le vol - t'il di na - sco e mil-le mo - ro; Mil - le vol-t'il di

ro, Mil - le vol - t'il di na - sco e mil-le mo - ro; Mil - le vol-t'il di

ro, Mil - le vol-t'il di

na-sco e mil-le mo - ro, e mil - - le mo - ro.

na-sco e mil-le mo - ro, e mil - le mo - ro.

na-sco e mil-le mo - ro, e mil - le mo - ro.

na-sco e mil-le mo - ro, e mil - - le mo - ro.

# 51

## DONNA SE VOI VOLETE IO VOGLIO ANCH'IO

ANONYMOUS        *MADRIGAL*        GIACHET BERCHEM

{ 123 }

# 52

## CHIARE FRESCH' E DOLCI ACQUE

FRANCESCO PETRARCH · *CANZON* · JACQUES ARCADELT

Prima parte a cinque

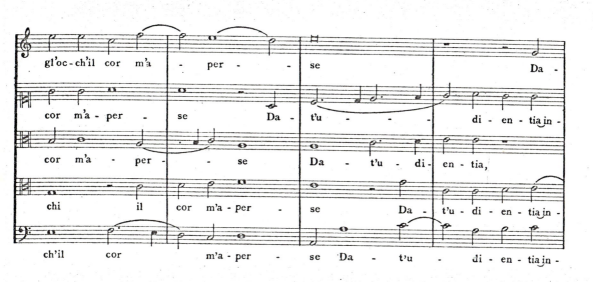

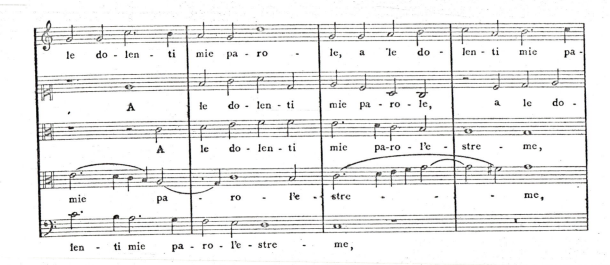

Seconda parte a quattro

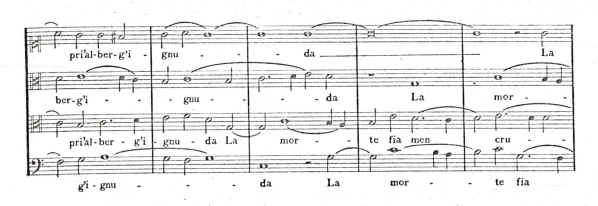

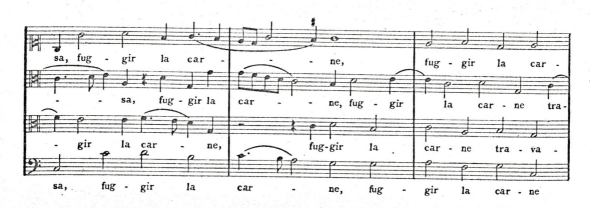

ne tra - va-glia-t'e l'os - sa, fug - gir la car - - - ne,

va-glia-t'e l'os - sa, fug-gir la car - - ne, fug - gir

glia-t'e l'os - sa, fug - gir la car - ne, fug - gir la

tra - va-glia - t'e l'os - sa, fug - gir la car - ne, fug -

fug - gir la car - ne, tra - va-glia - t'e l'os - - - sa.

la car - ne, fug - gir la car-ne tra - va - glia - t'e l'os - sa.

car - ne, tra - - va-glia - t'e l'os - - - - sa.

gir la car - ne tra - - va - glia - t'e l'os - sa.

Terza parte a tre

C. Tem - po ver - r'an - chor for - se Ch'a l'u - sa -

A. Tem - po ver - r'an - chor for - se Ch'a l'u - sa - to sog -

5. Tem - po ver - r'an - chor for - se Ch'a l'u - - sa - to sog -

to sog - gior - no Tor - ni la fe - ra bel - l'e

- gior - - no Tor - ni la fe - ra bel - l'e man -

gior - - no Tor - ni la fe - ra bel - l'e man - su -

spi - ri In gui - sa che so - spi - ri . Si dol - ce - men -

spi - r'In gui - sa che so - spi - ri Si dol - ce - men -

spi - r'In gui - sa che so - spi - ri Si dol - ce - men -

te che mer - ce m'im - pe - - - - tre

te che mer - ce m'im - pe - tre, mer - ce m'im - pe - tre E

te che mer - ce m'im - pe - - - tre E

E fac - cia for - z'al cie - - lo

fac - cia for - - - z'al cie - lo A - sciu - gan -

fac - cia for - - - z'al cie - lo A -

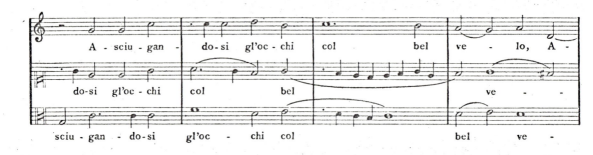

A - sciu - gan - do - si gl'oc - chi col bel ve - lo, A -

do - si gl'oc - chi col bel ve -

sciu - gan - do - si gl'oc - chi col bel ve -

sciu - gan - do - si gl'oc - chi col bel ve - -

lo, A - sciu - gan - do - si gl'oc - chi col bel ve - -

lo, A - sciu - gan - do - si gl'oc - chi col bel ve - -

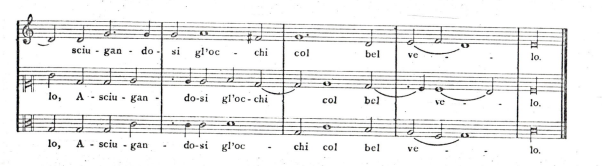

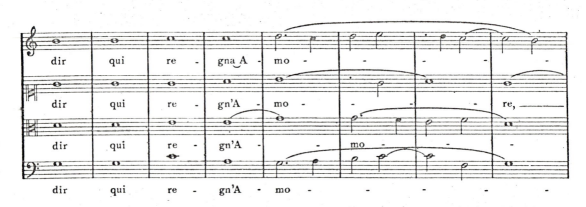

Quinta (ed ultima) parte a cinque

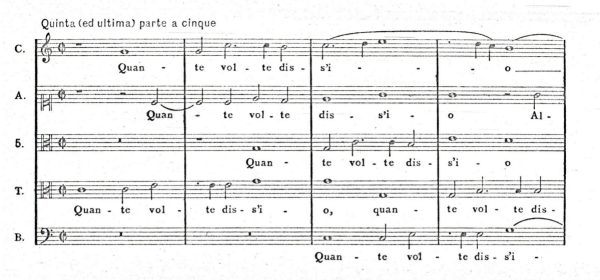

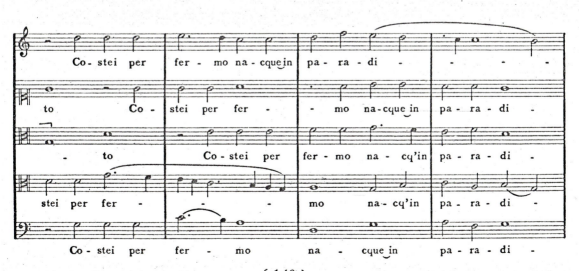

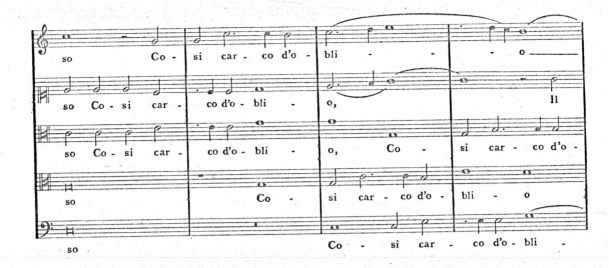

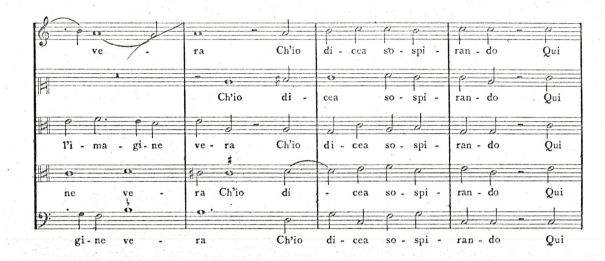

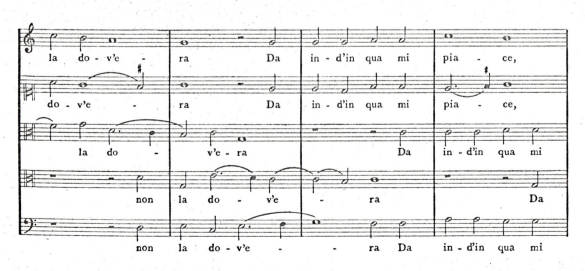

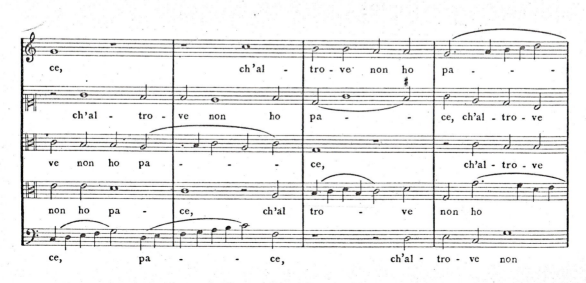

# 53

## E LA MORTE DI MARITO

ANONYMOUS

*CANZON VILLANESCA ALLA NAPOLETANA (VILLOTTA)*

PERISSONE CAMBIO

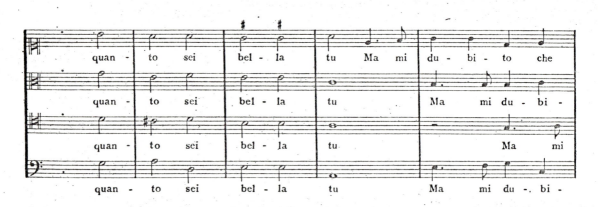

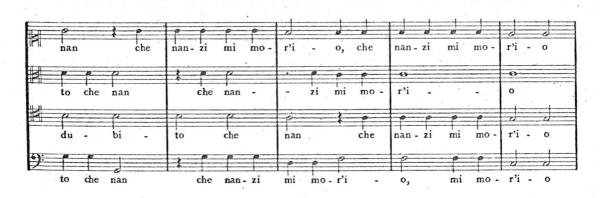

E se tu te mariti e tu non pigli mene
In capo de l ano vedova ti veggia
deh ch'io la voria . . . .

# 54

## NON T'ARRICORDI E QUANDO ME DICEVI

ANONYMOUS  *CANZON VILLANESCA*  PERISSONE CAMBIO

ba - scia - mi ri - de - mi tra - di - to - ra, O d'a - bra - cia - mi
ba - scia - mi ri - de - mi tra - di - to - ra, O d'a - bra - cia - mi
ba - scia - mi ri - de - mi tra - di - to - ra, O d'a - bra - cia - mi
ba - scia - mi ri - de - mi tra - di - to - ra, O d'a - bra - cia - mi

gio - ca - mi strin - ge - mi ba - scia - mi ri - de - mi tra - di - to -
gio - ca - mi strin - ge - mi ba - scia - mi ri - de - mi tra - di - to -
gio - ca - mi strin - ge - mi ba - scia - mi ri - de - mi tra - di - to -
gio - ca - mi strin - ge - mi ba - scia - mi ri - de - mi tra - di - to -

ra O si - gno - ra o pa - tro - na o re -
ra O si - gno - ra o pa - tro - na o re -
ra O si - gno - ra o pa - tro - na o re -
ra O si - gno - ra o pa - tro - na o re -

gi - na del mio co - re, o re - gi - na del mio co - re.
gi - na del mio co - re, o re - gi - na del mio co - re.
gi - na del mio co - re, o re - gi - na del mio co - re.
gi - na del mio co - re, o re - gi - na del mio co - re.

# 55

## ANIMA BELLA DA QUEL NODO SCIOLTA

ANONYMOUS — *SONNET* — GIROLAMO PARABOSCO

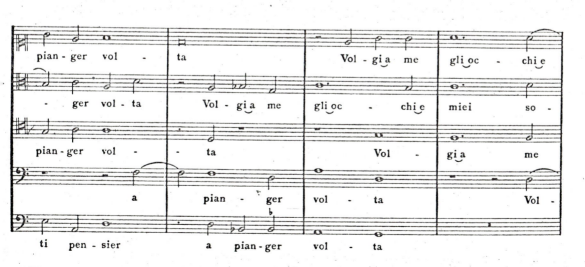

# 56

## AHI MISERELLE AHI SVENTURATE NOI

ANONYMOUS      *MADRIGAL (DIALOGUE)*      BALDISSERRA DONATO

5. gran - de, fie de l'im - pe - rio gran - de di Plu - to - ne

6. de l'im - pe - rio gran - de di Plu - to -

7. pe - rio, fie de l'im - pe - rio gran - de di Plu - to -

B. pe - rio gran - de di Plu - to -

C. A - dun - que e - gli è Plu - ton che ce l'in - vo - la?

A. A - dun - que e - gli è Plu - ton che ce l'in - vo - la?

T. A - dun - que e - gli è Plu - ton, a - dun que e - gli è Plu - ton che ce l'in - vo - la?

5. Plu - ton e -

6. ne Plu -

7. ne Plu - ton e -

B. ne Plu - ton e -

5. gli è a ra - gio - ne Ter - mi - ne - rà i co - tan - ti suoi do - lo -

6. ton e - gli è a ra - gio - ne Ter - mi - ne - rà i co - tan - ti suoi do -

7. gli è a ra - gio - ne Ter - mi - ne - rà i co - tan - ti suoi

B. gli è a ra - gio - ne Ter - mi - ne - rà i co - tan - ti suoi

# 57

## IO SON QUAL SEMPRE FUI TAL ESSER VOGLIO

LODOVICO ARIOSTO

*OTTAVA RIMA*
from *Orlando furioso*

VINCENZO RUFFO

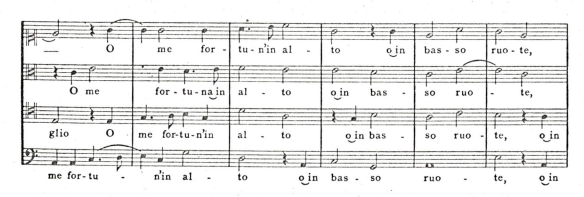

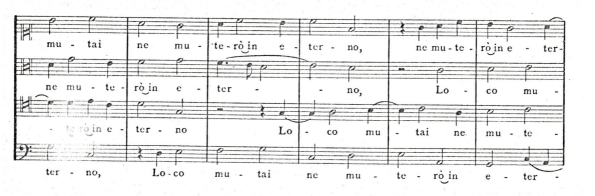

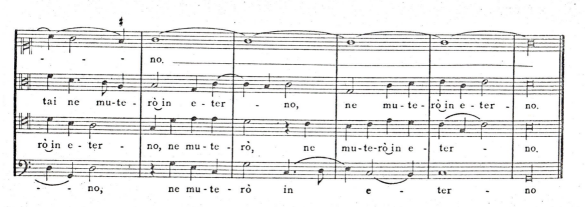

# 58

## VITA DE LA MIA VITA

ANONYMOUS  *MADRIGALETTO*  VINCENZO RUFFO

# 59

## SU LA FIORITA RIVA

ANONYMOUS      *CANZON*      VINCENZO RUFFO

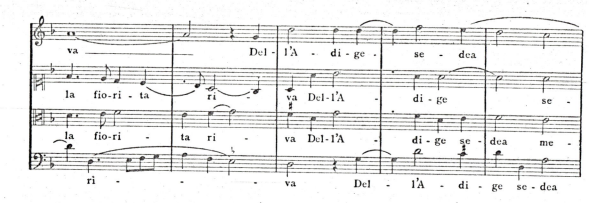

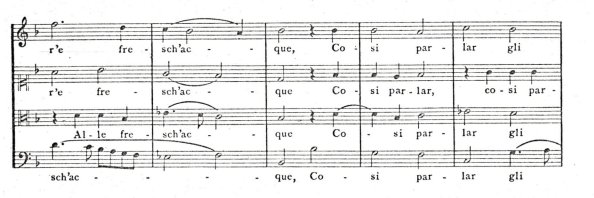

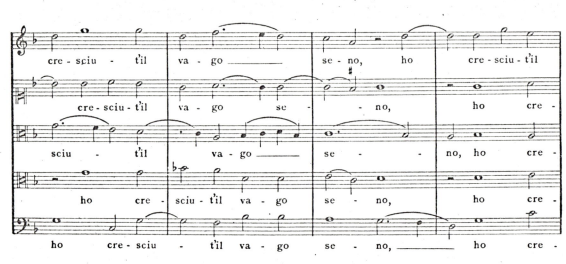

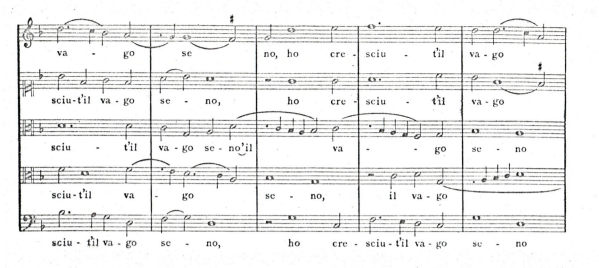

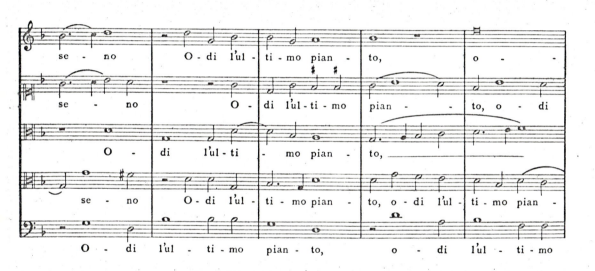

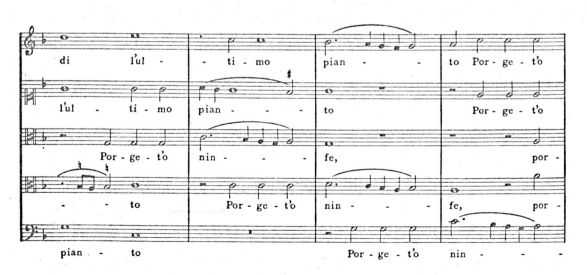

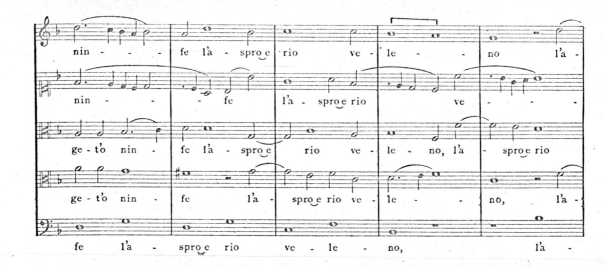

*Quarta parte a sei*

C. Co - si dis - se e di spe - me Al tut - to

6. Co - si dis - se e di spe - me Al tut - to

A. Co - si dis - se e di spe - me Al tut - to pri

T. Co - si dis - se e di spe - me Al tut - to pri -

5. Co - si dis - se e di spe - me Al tut-to

B. Co - si dis - se e di spe - me Al tut - to

pri - vo e col-mo

pri - vo e col - mo d'a - spra do - - - -

vo, al tut-to pri - vo e col - mo d'a-spra do - - glia,

vo, al tut - to pri - - - vo e

pri - vo e col - mo d'a - spra do - - glia,

pri - - - vo e col - mo d'a - spra do - -

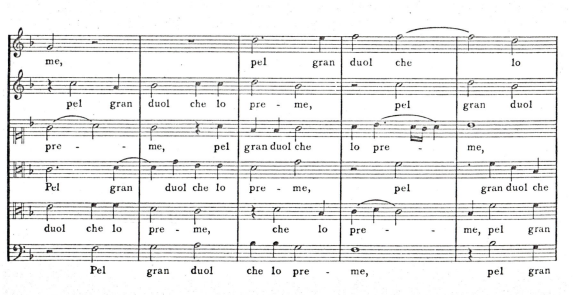

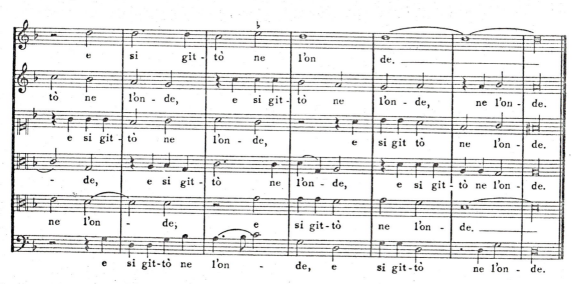

# 60

## FORESTIER INAMORAO

ANTONIO MOLINO ♩ = ◇     *GIUSTINIANA*     ANDREA GABRIELI

O desgratia maledetta  
Che m'ha zonto à mi soleto  
A scamparmè l'oseleto  
Che mai pi no l'ho piao  
       Forestier...

Oime gramo oime tupino  
Che son stao pur mal accorto  
Che madonna send'è accorto  
Che la gatta me l'ha magnao!  
       Forestier...

No credeva che in sti anni  
Mia mogier se scorozasse  
E che via la me butasse  
Tutto quel che g'ho donao!  
       Forestier...

Che farò io che dirò io  
L'oseleto è andao a spasso  
Porterò el cao basso  
A pianzando desperao!  
       Forestier...

# 61

## O BELTÀ RARA O SANTI

ANONYMOUS
*MADRIGAL*
ANDREA GABRIELI

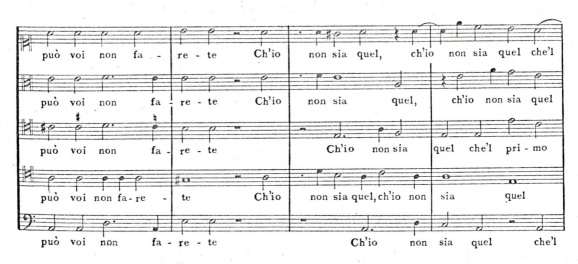

pri - mo gior - no vol - - - li

che'l pri - mo gior - no vol - - - li

gior - no vol - li _____

che'l pri - mo gior - no vol - - - li

pri - mo gior - no vol - - - li

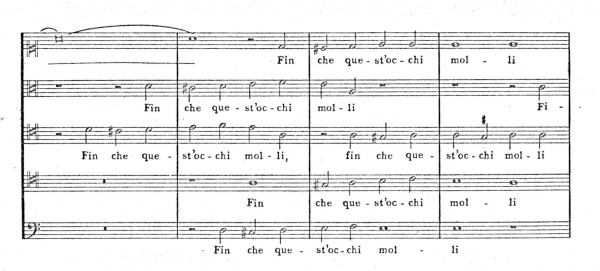

Fin che que - st'oc - chi mol - li

Fin che que - st'oc - chi mol - li Fi -

Fin che que - st'oc - chi mol - li, fin che que - st'oc - chi mol - li

Fin che que - st'oc - chi mol - li

Fin che que - st'oc - chi mol - li

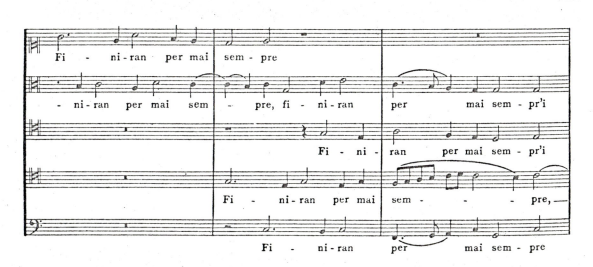

Fi - ni - ran per mai sem - pre

- ni - ran per mai sem - pre, fi - ni - ran per mai sem - pr'i

Fi - ni - ran per mai sem - pr'i

Fi - ni - ran per mai sem - - - pre, —

Fi - ni - ran per mai sem - pre

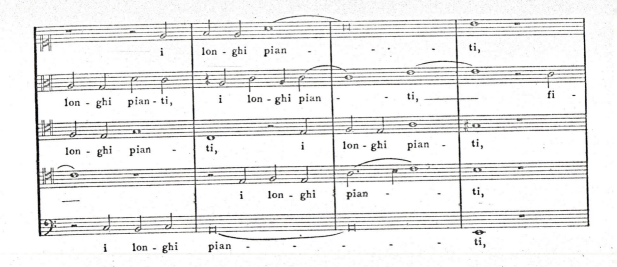

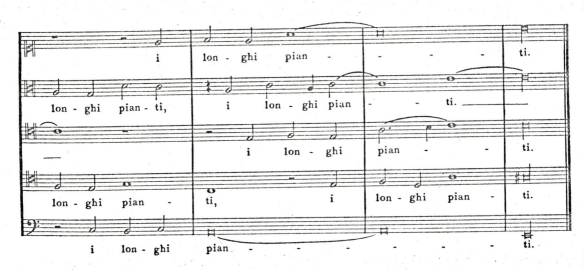

# 62

## DUE ROSE FRESCHE E COLTE IN PARADISO

FRANCESCO PETRARCH      *SONNET*      ANDREA GABRIELI

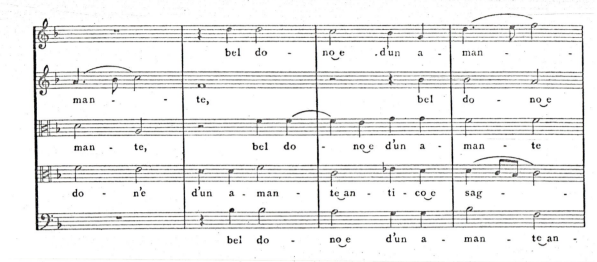

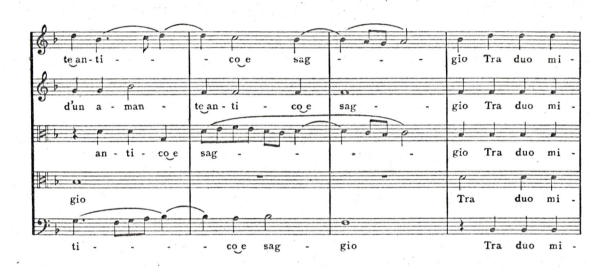

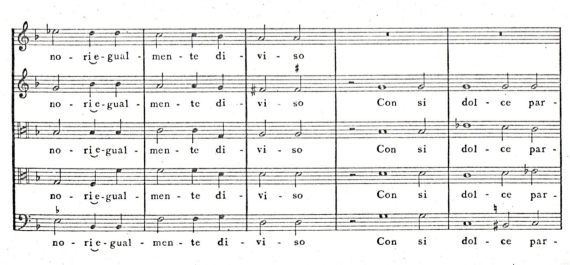

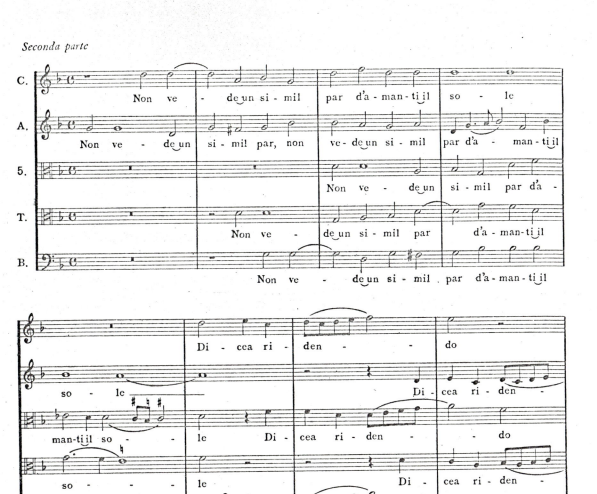

C. Non ve - de un si - mil par d'a - man - ti il so - le

A. Non ve - de un si - mil par, non ve - de un si - mil par d'a - man - ti il

5. Non ve - de un si - mil par d'a -

T. Non ve - de un si - mil par d'a - man - ti il

B. Non ve - de un si - mil par d'a - man - ti il

Di - cea ri - den - - do

so - le ___ Di - cea ri - den -

man-ti il so - - le Di - cea ri - den - - do

so - - le Di - cea ri - den -

so - le Di-cea ri - den - - do

e so - spi - ran - do in - sie - me E strin -

- do e so - spi - ran - do in - sie me E strin - gen -

e so - spi - ran - do in - sie - me E strin -

- do e so - spi - ran - do in - sie - me

e so - spi - ran - do in - sie - me

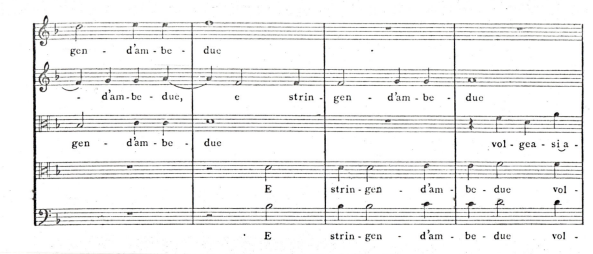

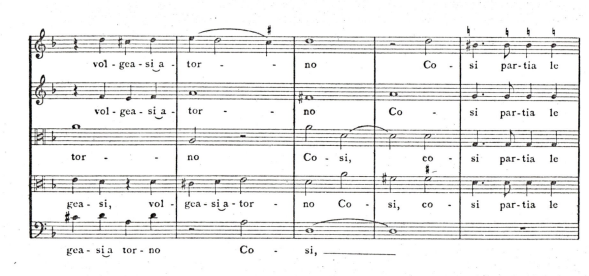

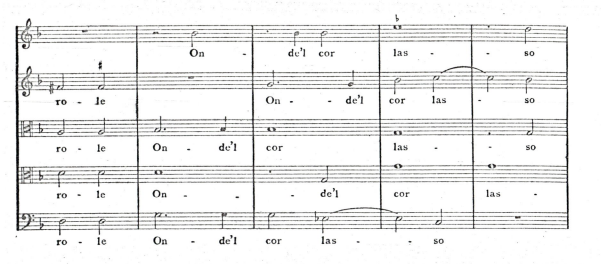

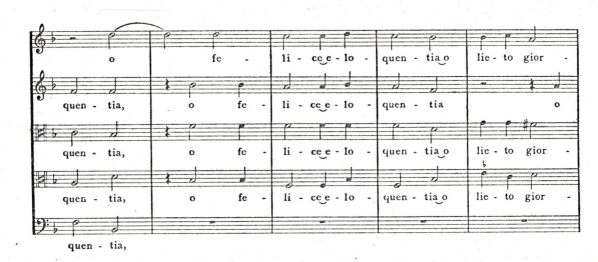

# 63

## TIRSI MORIR VOLEA

### MADRIGAL (DIALOGUE)

GIO. BATTISTA GUARINI

ANDREA GABRIELI

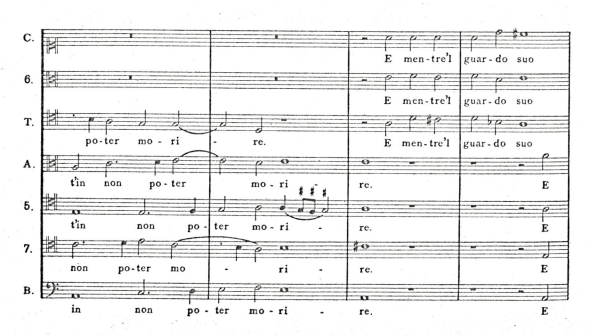

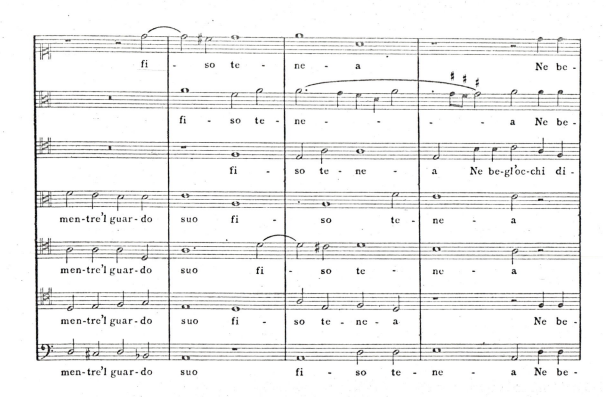

a - ve, di mor - te si so - a - ve, e si gra-di - ta, e si gra -

a - ve, di mor - te si so - a - ve, e si gra-di - ta, e si gra-di - ta, ____

Di mor - te si so - a - ve, e si gra-di - ta, e si gra-di -

a - ve, e si gra-di - ta, e si gra-di - ta, e

- ve, di mor - te si so - a - ve, e si gra-di - ta, e

a - ve, di mor - te si so - a - ve, e si gra-di - ta, e

a - ve, e si gra-di - ta, e

- di - ta, Che per an - co mo - rir tor - na-ro in

Che per an - co mo-rir tor - na-ro in

- ta, Che per an - co mo-rir, che

si gra-di - ta, Che per an - co mo-rir, tor-na-ro in vi - ta,

si gra-di - ta, Che per an - co mo-

si gra-di - ta, ____ tor - na-ro in vi - ta

si gra-di - ta, Che per an - co mo-rir, tor-na-ro in

{ 197 }

# 64

## A CASO UN GIORNO MI GUIDÒ LA SORTE

LUIGI TANSILLO

*OTTAVE RIME*
*(CANZON)*

ANDREA GABRIELI

Prima stanza

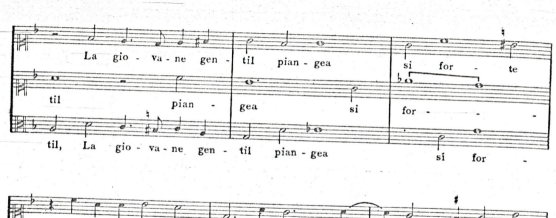

- to di lei piu che'l suo ma - - le.

pian - to di lei piu che'l suo ma - - - le.

pian - to di lei piu che'l suo ma - - - le.

**Seconda stanza**

Va - ga d'u - dir, va - ga d'u - dir co - m'o - gni don - na

Va - ga d'u - dir co - m'o - gni don - na suo - le, co - m'o - gni don - na

Va - ga d'u - dir co - m'o - gni don - na suo - le, co - m'o - gni don - na

suo - le E di ve - der che

suo - le E di ve - der che fin ha - vea la co - sa,

suo - le E di ve - der che fin ha - vea la co - -

fin ha - vea la co - - sa In un ce - spu - glio,

che fin ha - vea la co - sa In un ce - spu - glio o - v'a

sa, che fin ha - vea la co - sa In un ce - spu - glio, in

in un ce - spu - glio o - v'a pe - n'en-tra il so - le

pe - n'en-tra il so - le, o - v'a pe - n'en - tra il so - le Da

un ce - spu - glio o - v'a pe - n'en-tra il so - le Da

Da gli oc - chi d'am - be dua ne stet - t'a - sco -

gli oc - chi d'am - be dua ne stet - t'a - sco -

gli oc - chi d'am - be dua ne stet - t'a - sco - sa

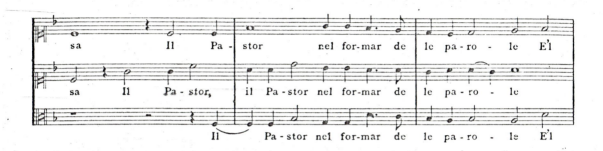

sa Il Pa - stor nel for - mar de le pa - ro - le E'l

sa Il Pa - stor, il Pa - stor nel for - mar de le pa - ro - le

Il Pa - stor nel for - mar de le pa - ro - le E'l

pian - to de la Nin - fa do - lo - ro - sa, do -

E'l pian - to de la Nin - fa do - lo - ro - sa, do -

pian - to de la Nin - fa do - lo - ro - sa,

- lo - ro - sa Pa - rea Ch'in - tor - no l'aer' e le con -

- lo - ro - sa Pa - rea Ch'in - tor - no l'aer e le con - tra -

do - lo - ro - sa Pa -

tra - de Fa - ces - ser la - gri -

de, e le con - tra - de Fa - ces - ser la - gri -

rea ch'in - tor - no l'aer e le con - tra - de Fa - ces - ser la - gri -

mar, fa - ces - ser la - gri - mar per la pie - ta -

mar, fa - ces - ser la - gri - mar per la pic - ta -

mar, fa - ces - ser la - gri - mar per la pie -

- de Pa - rea ch'in - tor - no l'aer' e le con - tra - de, e le con - tra -

- de Pa - rea ch'in - tor - no l'aer' e le con - tra - de

ta - de; Pa - rea ch'in - tor - no l'aer' e le con -

- de Fa - ces - ser la - gri - mar; fa - ces - ser la - gri -

Fa - ces - ser la - gri - mar, fa - ces - ser la - gri -

tra - de Fa - ces - ser la - gri - mar, fa - ces - ser la - gri -

mar per la pie - ta - - - de.

mar per la pie - ta - - - de.

mar per la pie - ta - de.

**Terza stanza**

Con quel po - co di spir - to che l'a - van - za, con

Con quel po - co di spir - to che l'a - van - za, con quel

Con quel

quel po - co di spir - to che l'a-van - za Non mi

po - co di spir - to che l'a - van - za Non

po - co di spir - to che l'a-van - za Non mi

duol il mo - rir di-cea il Pa-sto - re, Non mi duol il mo -

mi duol il mo - rir di-cea il Pa-sto - re, Non mi duol il mo -

duol il mo - rir Non mi duol il mo -

rir di-cea il Pa-sto - re Pur che dop-po la mor - te hab-bi spe -

rir di - cea il Pa-sto - re Pur che dop-po la mor - te hab-bi spe -

rir di-cea il Pa - sto - re Pur che dop-po la mor - te hab-bi spe -

ran-za Di vi - ver al - cun tem - po nel tuo co - re Di -

ranza Di vi - ver al-cun tem - po nel tuo co - re

ranza Di vi - ver al-cun tem-po nel tuo co - re Di -

cea la Nin - fa co - m'ha-vrà pos-san - za, co -

Di - cea la Nin - fa co-m'ha-vrà pos-san -

cea la Nin - fa co - m'ha-vrà pos-san -

**Ultima stanza**

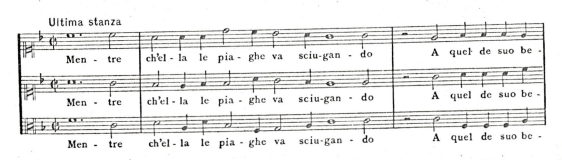

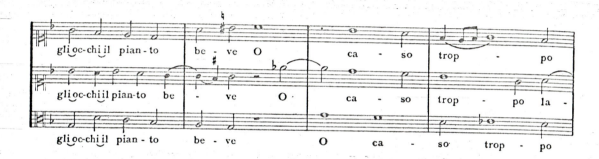

gli oc-chi il pian - to be - ve O ca - so trop - po

gli oc-chi il pian-to be - ve O ca - so trop - po la -

gli oc-chi il pian - to be - ve O ca - so trop - po

la - gri - mo - so quan - do Il fe - ri - to Pa-stor pur mo - rir

- gri - mo - so quan - do Il fe - ri - to Pa-stor pur mo - rir

la - gri - mo - so quan - do Il fe - ri - to Pa-stor pur mo - rir

de - ve, il fe - ri - to Pa - stor pur mo-rir de -

de - ve, il fe - ri - to Pa - stor pur mo-rir de - ve

de - ve, il fe - ri - to Pa-stor pur mo-rir de - ve

ve Veg-gio la bel-la Nin - fa an-dar man-can-do E ca-der mor-to per

Veg-gio la bel-la Nin-fa an-dar man-can - do E ca-der mor-to

Veg-gio la bel-la Nin-fa an - dar man-can - do E ca-der mor - to

fi - nir in bre - ve Ri - ma - ser am-be dui mor-ti in quel suo -

per fi - nir in bre - ve Ri - ma - ser am-be dui mor - ti in quel suo -

per fi - nir in bre - ve mor - ti in quel suo -

lo Che l'un uc-ci-se il fer - ro e l'al-tro il duo - lo,

lo e l'al - tro il duo - lo, che l'un uc-

lo Che l'un uc-ci-se il fer - ro, che l'un uc-ci-se il

che l'un uc-ci-se il fer - ro e l'al - tr'il duo - lo; Ri - ma-ser am-be

ci-se il-fer - ro e l'al-tr'il duo-lo, e l'al-tr'il duo - lo; Ri - ma-ser

fer - ro e l'al - tro il duo-lo, e l'al-tro il duo - lo;

dui mor - ti in quel suo - lo

am-be dui mor - ti in quel suo - lo, Che l'un uc-ci-se il fer -

mor - ti in quel suo - lo, Che l'un uc-ci-se il

e l'al - tr'il duo - lo, Che l'un uc - ci-se il fer - r'e l'al - tr'il

r'e l'al - tr'il duo - - lo, Che l'un uc-ci-se il fer -

fer - ro, che l'un uc-ci-se il fer - r'e l'al - tro il

duo - lo, e l'al-tro il duo - - lo, e l'al-tro il duo - lo.

ro e l'al - tr'il duo - lo, e l'al-tr'il duo - lo.

duo - lo, e l'al-tro il duo - lo, e l'al-tr'il duo - lo.

# 65

## CRUDELE ACERBA INESORABIL MORTE

FRANCESCO PETRARCH  *SESTINA STANZA*  GIACHES WERT

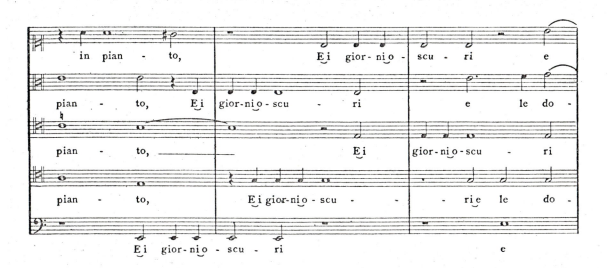

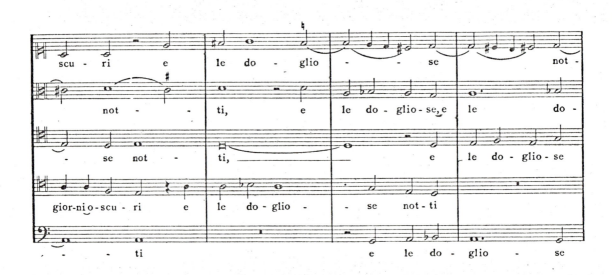

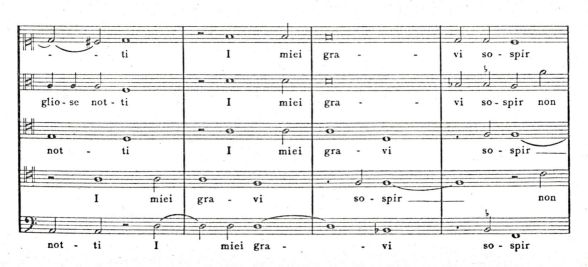

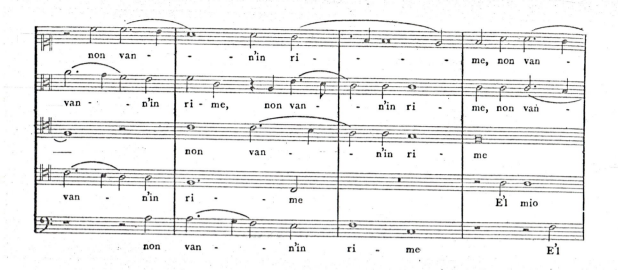

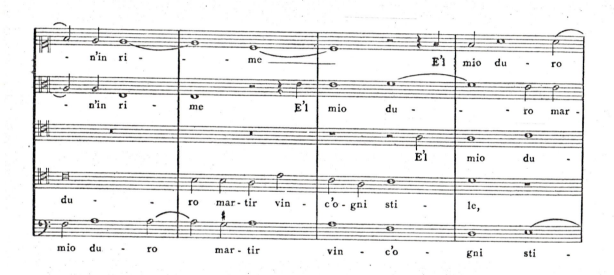

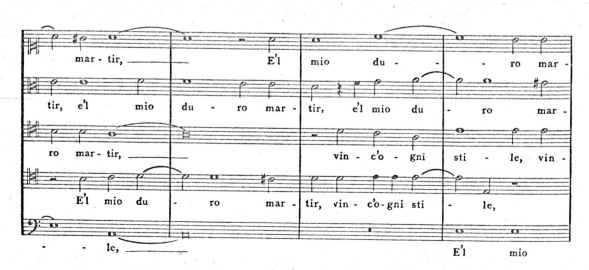

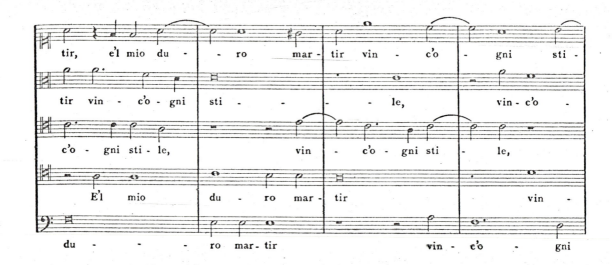

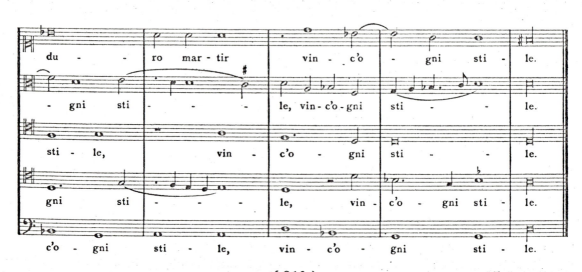

# 66
## ANCHOR CHE COL PARTIRE

ALFONSO D'AVALOS,
MARCHESE DEL VASTO

*MADRIGAL*

GIOSEPPE CAIMO

sen - to  De  la  vi - ta ch'ac-qui - sto  nel  ri - tor - no,  E

sen - to  De  la  vi - ta ch'ac-qui - sto  nel  ri - tor - no,  E

sen - to  De  la  vi - ta ch'ac-qui - sto  nel  ri-tor - no,  E

sen - to  De  la  vi - ta ch'ac-qui - sto  nel  ri - tor - no,  E

co - si  mil - l'e mil - le vol-t'il  gior - no,  e  co - si  mil - l'e mil - le vol-t'il  gior-

co - si  mil - l'e mil - le vol-t'il  gior - no,  e  co - si  mil - l'e mil - le vol-t'il gior -

co - si  mil - l'e mil - le vol-t'il  gior - no,  e  co - si  mil - l'e mil - le vol-t'il  gior -

co - si  mil - l'e mil - le vol-t'il  gior - no,  e  co - si  mil - l'e mil - le vol-t'il gior -

no  Par - tir  da  voi  vor - re - i,  Tan - to  son  dol -

no  Par - tir  da  voi  vor - re - i,  Tan - to  son  dol - ci  gli  ri - tor -

no  Par - tir  da  voi  vor - re - i,  Tan - to  son dol - ci  gli  ri - tor -

no  Par - tir  da  voi  vor - re - i,  Tan - to  son dol - ci  gli - ri - tor -

ci  gli  ri - tor - ni  mie - i;  E  mie - i.

ni miei,  gli  ri - tor - ni  mie - i;  E  mie - i.

ni miei,  gli  ri - tor - ni  mie - i;  E  mie - - i.

ni miei,gli  ri - tor - ni  mie - i;  E  mie - i.

# 67

## PIANGETE VALLI ABBANDONATE E SOLE

ANONYMOUS

*MADRIGAL*

GIOSEPPE CAIMO

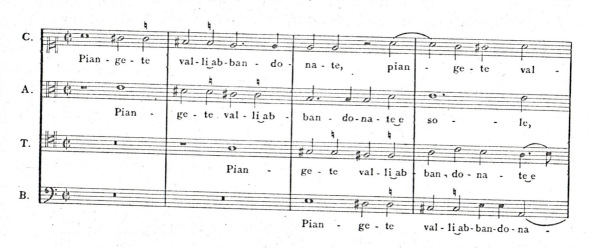

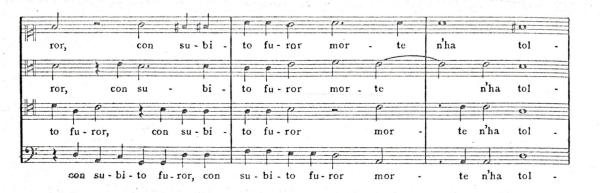

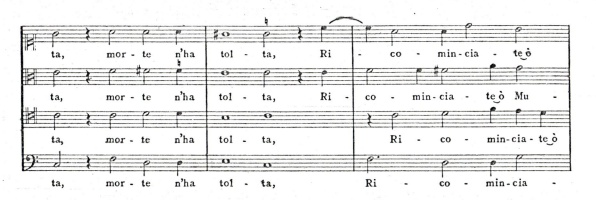

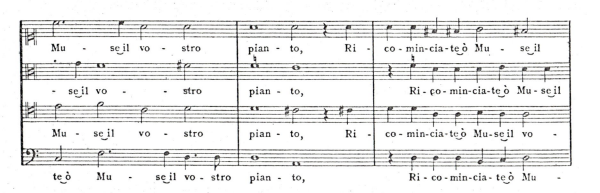

# 68

## DUNQUE BASCIAR SI BELLE E DOLCE LABBIA

LODOVICO ARIOSTO

*OTTAVA RIMA*
from *Orlando furioso*

GIACHES WERT

Dun - que ba - sciar si bel - le e dol - ci lab -

bia De - ve al - tra, se ba - sciar non le pos - si - o?

Ah non sia ve - ro già ch'al - tra mai t'hab -

bia; Chè d'al - tr'es - ser non déi, se non sei mi -

# 69

## GIUNTO A LA TOMBA OVE AL SUO SPIRTO VIVO

TORQUATO TASSO

*OTTAVE RIME*
from *La Gerusalemme liberata*

GIACHES WERT

*Prima parte*

C. Giun - to a la tom - ba o - ve al suo spir - to vi -

A. Giun - to a la tom - ba o - ve al suo spir - to vi -

T. Giun - to a la tom - ba o - ve al suo spir - to vi -

5. Giun - to a la tom - ba o - ve al suo spir - to vi -

B. Giun - to a la tom - ba o - ve al suo spir - to vi -

vo Do - lo - ro - sa pri - gion il ciel pre -

vo Do - lo - ro - sa pri - gion il ciel pre -

vo Do - lo - ro - sa pri - gion il ciel pre -

vo Do - lo - ro - sa pri - gion il ciel pre - scris -

vo Do - lo - ro - sa pri - gion il ciel pre -

scris - se Di co - lor di ca - lor di mo - to

scris - se Di co - lor di ca - lor di mo - to

scris - se Di co - lor di ca - lor di mo - to

- se Di co - lor di ca - lor di mo - to

scris - se Di co - lor di ca - lor di mo - to

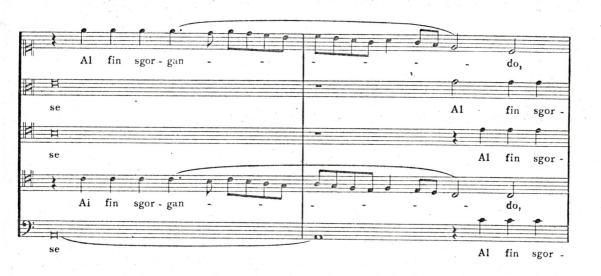

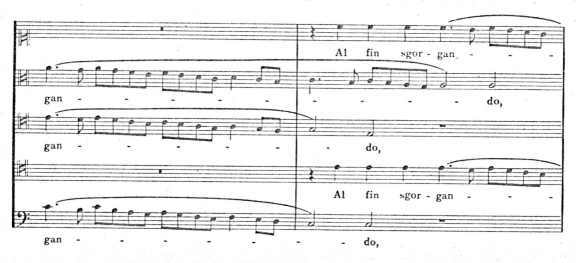

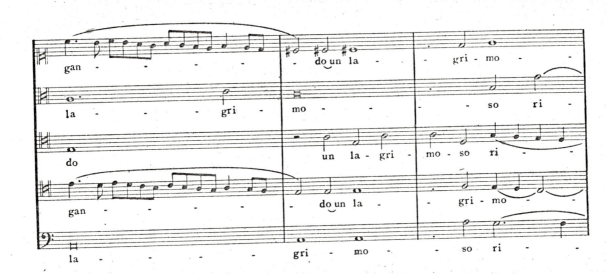

Non di mor - te sei tu ma

Non di mor - te sei tu ma di vi

Non di mor - te sei tu ma di vi - va - ci Ce -

Non di mor - te sei tu

Non di mor - te sei tu ma

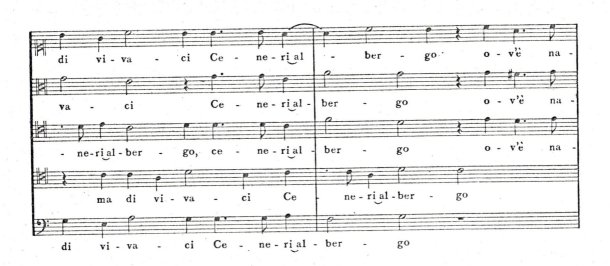

di vi - va - ci Ce - ne - ri al - ber - go o - v'è na -

va - ci Ce - ne - ri al - ber - go o - v'è na -

- ne - ri al - ber - go, ce - ne - ri al - ber - go o - v'è na -

ma di vi - va - ci Ce - ne - ri al - ber - go

di vi - va - ci Ce - ne - ri al - ber - go

sco-sto A-mo - re, o - v'è na - sco-sto A-mo - re Sen - to dal fred - do

sco-sto A-mo - re; o - v'è na - sco - sto A-mo - re Sen - to dal fred -

sco-sto A-mo - re, A - mo - re Sen - to dal fred - do

o - v'è na - sco-sto A-mo - re Sen - to dal fred - do

o - v'è na - sco-sto A-mo - re Sen - to dal fred - do

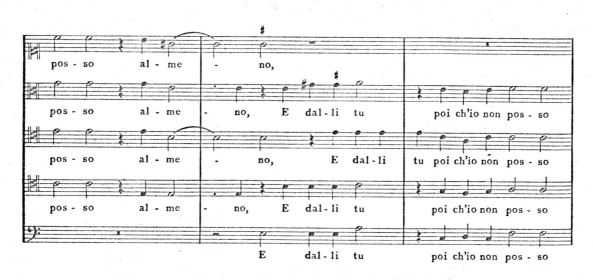

# 70

## AMOR M'IMPENNA L'AL' E TANT'IN ALTO

TROIANO(?)

*CANZON ALLA NAPOLETANA*
*(VILLANELLA)*

MASSIMO TROIANO

pren - do del - l'ar - do - re, pren - do del - l'ar - do - re.

pren - do del - l'ar - do - re, pren - do del - l'ar - do - re.

pren - do del - l'ar - do - re, pren - do del - l'ar - do - re.

Ergiti pure in alto o cor piagato
Ch'io spero al fido e accorto mio servire
A sì erto ed ampio ciel poter salire.

Da forza a'vanni e và lieve e sicuro
E tema non haver di mala sorte
Che bel fin fà chi amando viene a morte.

Amor sia la tua guida e và con fede
Com' Aquila che mai temer non suole
Poggiare il ciel per contemplare il sole.

# 71

## CORS' A LA MORTE IL POVERO NARCISO

ANONYMOUS      *CANZON VILLANESCA*      GIOVAN DOMENICO DA NOLA

C.

Cor - se a la mor - te, Cor se a la mor - te il po - ve - ro Nar - ci -

A.

Cor - se a la mor - te, Cor se a la mor - te il po - ve - ro Nar - ci -

T.

Cor - s'a la mor - te il po - ve - ro Nar - ci -

B.

Cor - se a la mor - te, Cor - s'a la mor - te il po - ve - ro Nar - ci -

so Per ri - mi - rar - s'il vi - so, per ri - mi - rar - s'il vi - so. - so.

so Per ri - mi - rar - s'il vi - so, per ri - mi - rar - s'il vi - so. - so. Ed io

so Per ri - mi - rar - s'il vi - so, per ri - mi - rar - s'il vi - so. - so. Ed

so      Per ri - mi - rar - s'il vi - so. - so. Ed

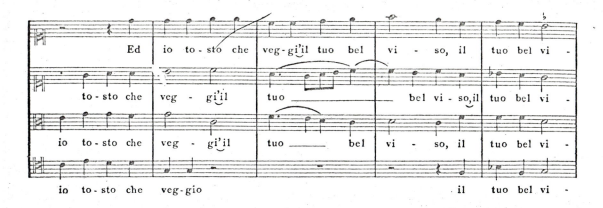

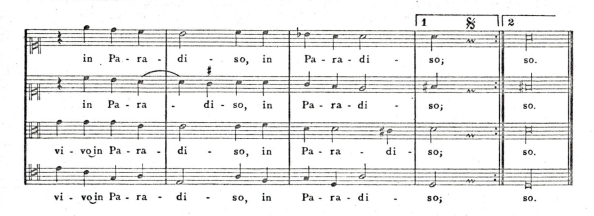

Helena bella pose Troia in terra,
Cagion di tanta guerra,
**Ed io che stò per voi sempre nel foco,**
**Di questa fiamma hò gran piacer e gioco.**

E Ganimede per lo suo bel volto
Da Giove in ciel fu tolto,
Cosi son'io rapito dal mio bel sole
Mentre contemplo il viso e le parole.

O mio bel viso, o sol d'ogni mortale,
Pietà del mio gran male.
**E poi che sol per voi ho questa sorte**
**Corro volando a voi per haver morte**

# 72

## IO SON FERITO E CHI MI PUNSE IL CORE

ANONYMOUS        *VILLANELLA*        LUCA MARENZIO

Fù il laccio onde fui avinto, sì ch'io moro
Di LAVINIA il crin d'oro,
Quando io prima mirai l'alma sua luce
C'hor chiara hor bruna a pianger mi conduce.

Mille aventommi allhor pungenti dardi
LAVINIA co' suoi sguardi,
Ma se ferirme gli occhi tanta gioia
Mi porse il duol, ch'ancor non vuol, ch'io moia.

LAVINIA è questa ed è la CITHAREA
Ch'in terra ancide, e bea,
Che s'ella canta, il plettro move, e ride
Avviva ogn'altro, e me sol lasso ancide.

# 73

## DEL CRUD' AMOR IO SEMPRE MI LAMENTO

ANONYMOUS      *CANZON ALLA NAPOLETANA*      GIOVANNI FERRETTI

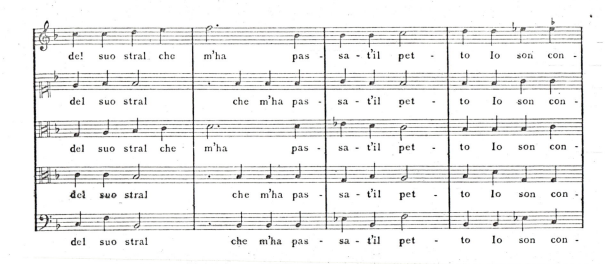

de! suo stral che m'ha pas - sa - t'il pet - to Io son con -

del suo stral che m'ha pas - sa - t'il pet - to Io son con -

del suo stral che m'ha pas - sa - t'il pet - to Io son con -

del suo stral che m'ha pas - sa - t'il pet - to Io son con -

del suo stral che m'ha pas - sa - t'il pet - to Io son con -

stret - to per mia ma - la sor - te, per mia ma - la sor - te

stret - to per mia ma - la sor - te, per mia ma - la sor - te

stret - to per mia ma - la sor - te

stret - to per mia ma - la sor - te Ser - vir a

stret - to per mia ma - la sor - te Ser -

Ser - vir a chi mi do - na, Ser - vir a chi mi do - na

Ser - vir a chi mi do - na o -

Ser - vir a chi mi do - na, Ser - vir a chi mi do -

chi mi do - na, Ser - vir a chi mi do - na, Ser -

vir a chi mi do - na, Ser - vir a chi mi do - na

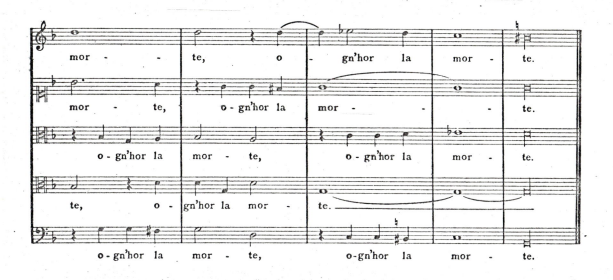

Ne la notte ne'l dì mai son contento
Così mi struggo e mai prendo diletto
    **Io son constretto...**

 E mi ritrovo in più maggior tormento
Quando ch'io penso di smorzar l'affetto
    **Io son constretto...**

 Ma spero un giorno uscir di tanto stento
**E di mutar un' altra fantasia**
**Che questa via da maggior dolore**
**A chi più fidel serve con amore.**

# 74

## MENTRE IL CUCULO IL SUO CUCU CANTAVA

ANONYMOUS

*CANZONETTA*

GIOSEPPE CAIMO

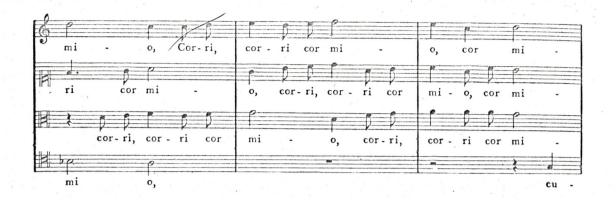

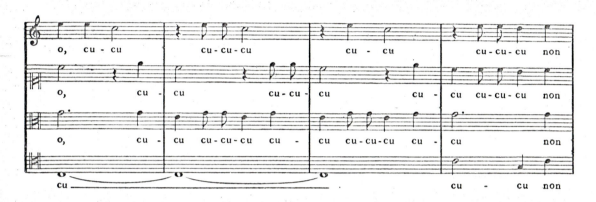

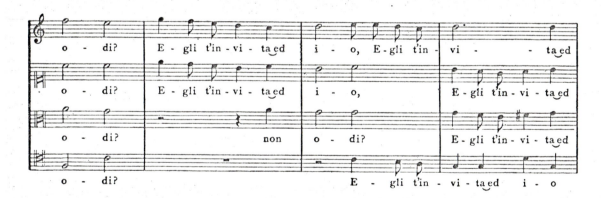

# 75

## DEH QUADRARA MIA QUADRARA

ANONYMOUS         *CANZONETTA*         GIOSEPPE CAIMO

Deh quadrara mia quadrara
Che vuoi tu vita mia cara
Se tu vuoi fare la fare la fare la fare la la
Apri'l portelino
Che io ti entrerò per lo giardino
          Io temo...

Deh quadrara mia quadrara
Che vuoi tu vita mia cara
Se tu vuoi fare la fare la fare la fare la la
Porgimi la mano
Per la fenestra m'entrarò pian piano
          Io temo...

Deh quadrara mia quadrara
Che vuoi tu vita mia cara
Se tu vuoi fare la fare la fare la fare la la
Porgimi sta bocca
Apri queste tue braccia, e stringi, e tocca
Baciami speranza
Che la vicinanza
Non s'accorgerà
Non farà, non farà, non farà,
Deh seguitiamo la bona fortuna
E tutta notte
Godianci cor mio bello à questa luna.

# 76

## PUISQUE VIVRE EN SERVITUDE

ANONYMOUS  *CHANSON*  PIERRE SANDRIN

*follow two stanzas*

# 77

## VIVA SEMPRE E SCOLPITA

ANONYMOUS
*BALLETTO (CANZONETTA)*
GIAN GIACOMO GASTOLDI

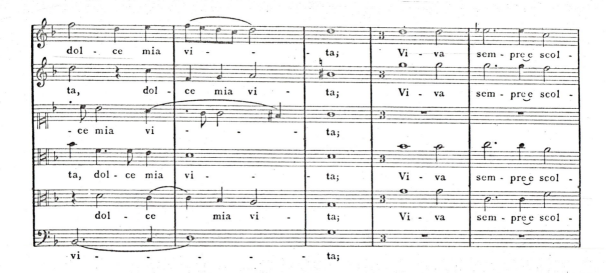

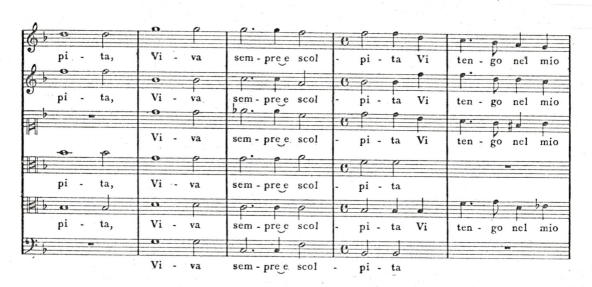

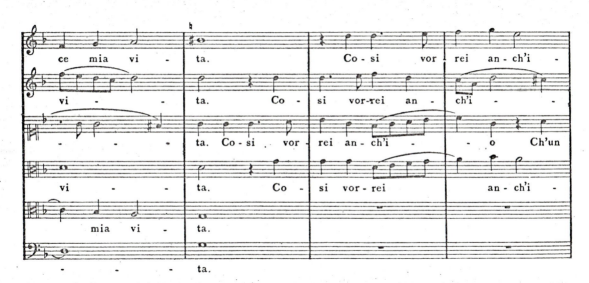

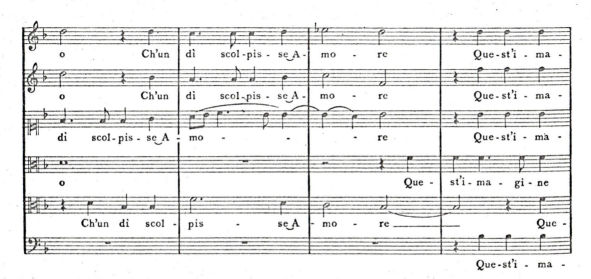

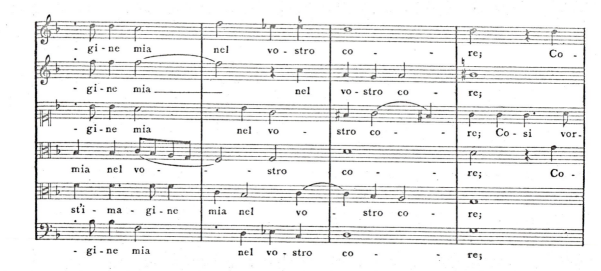

# 78

## LO SCHERNITO

ANONYMOUS

*BALLETTO*

GIAN GIACOMO GASTOLDI

Io ti porgo ogn'hor tributo
E di pianto e di sospir, Fa la la
Ma fera disprezzi
Ne odi ne prezzi
Chi chiede ogn'hor aiuto, Fa la la.

Opra in me gli sdegni e l'ire
Dammi morte di tua man, Fa la la
Che tardi? che fai?
Deh trammi di guai
Contenta il tuo desire, Fa la la.

# 79

## VAGHI AUGELLETTI CHE PER VALLI E MONTI

ANONYMOUS          *MADRIGAL*          ANDREA GABRIELI

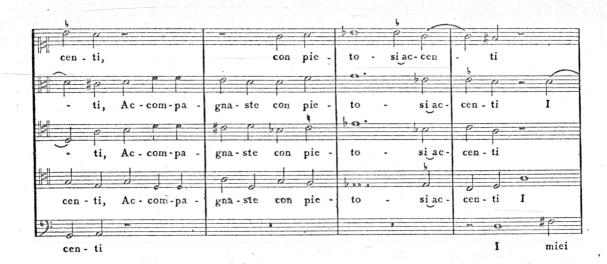

cen - ti, con pie - to - si ac-cen - ti

- ti, Ac - com - pa - gna - ste con pie - to - si ac - cen - ti I

- ti, Ac - com - pa - gna - ste con pie - to - si ac - cen - ti

cen - ti, Ac - com - pa - gna - ste con pie - to - si ac - cen - ti I

cen - ti I miei

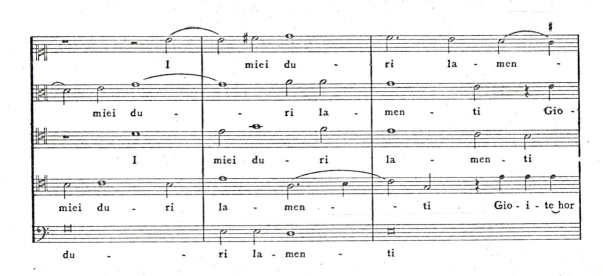

I miei du - ri la - men -

miei du - ri la - men - ti Gio -

I miei du - ri la - men - ti

miei du - ri la - men - ti Gio - i - te hor

du - ri la - men - ti

ti Gio - i - te hor me-co in fe - sta ed al - le - grez - za, ed al - le -

i-te hor me-co in fe - sta ed al - le - grez - za, ed al - le - grez -

Gio - i - te hor me-co in fe - sta ed al - le - grez - za, ed

me-co in fe - sta ed al - le - grez - za, ed al - le - grez -

Gio-i-te hor me-co in fe - sta ed al - le - grez - za, ed

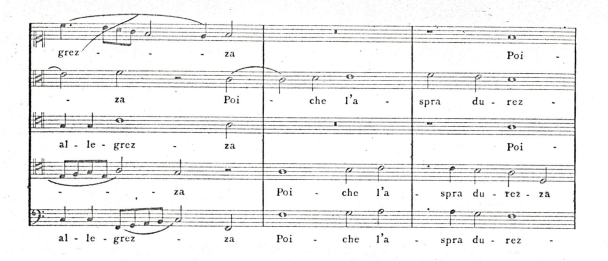

# 80

## O FERE STELLE HOMAI DATEMI PACE

JACOPO SANNAZARO      *SESTINA STANZA*      LUCA MARENZIO

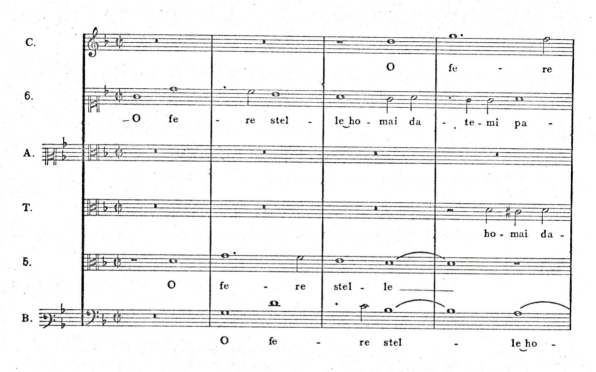

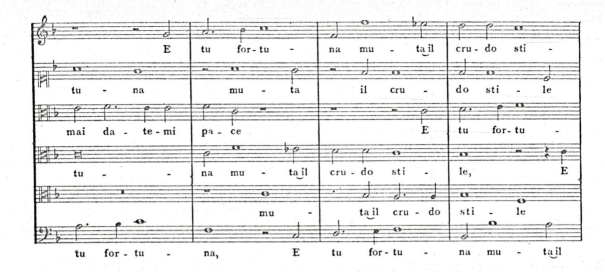

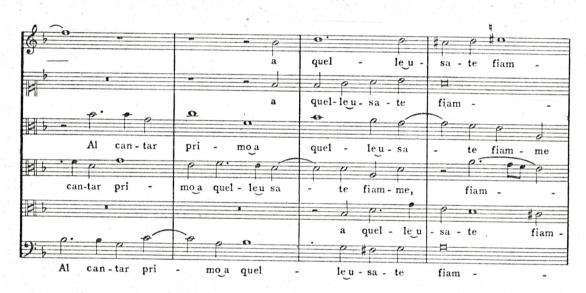

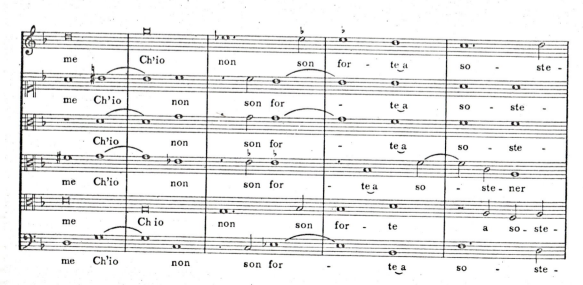

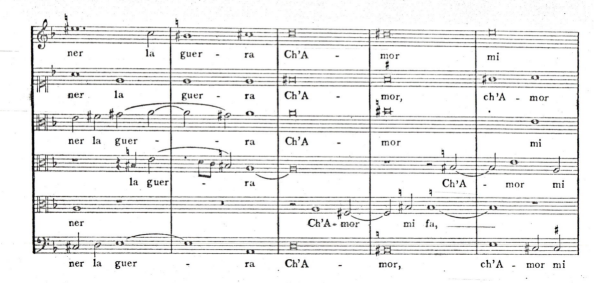

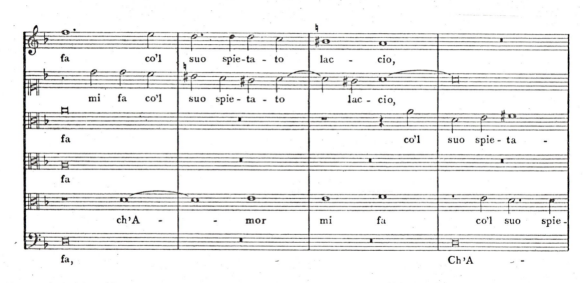

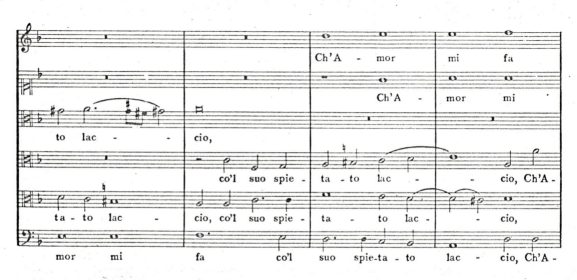

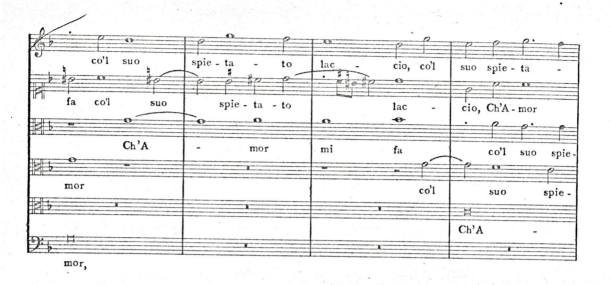

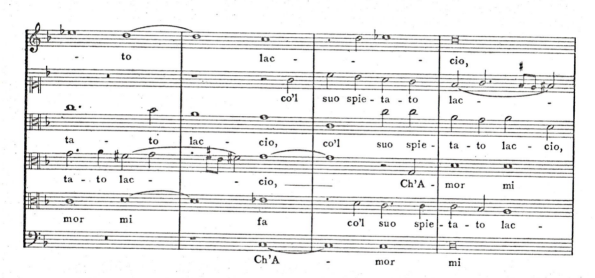

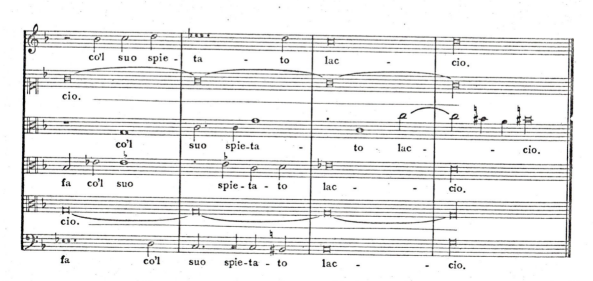

# 81

## DOLOROSI MARTIR, FIERI TORMENTI

LODOVICO TANSILLO  *OTTAVA RIMA*  LUZZASCO LUZZASCHI

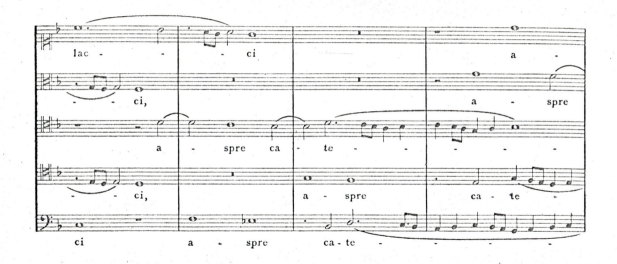

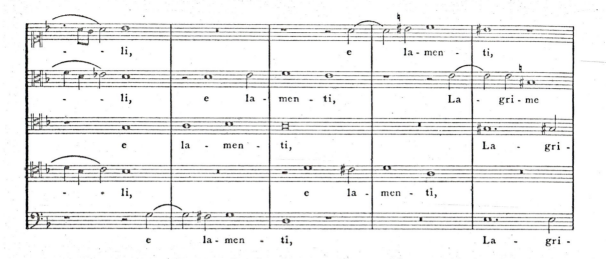

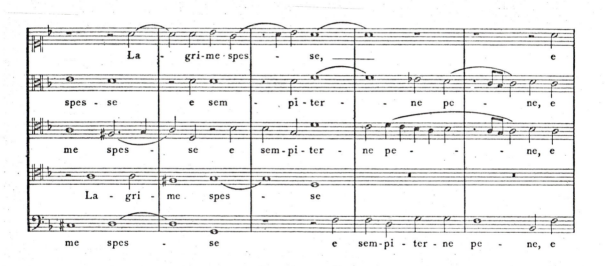

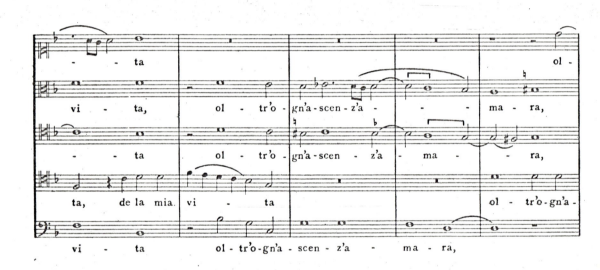

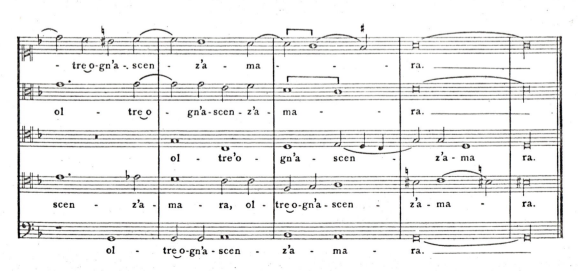

# 82

## ITENE MIE QUERELE

ANONYMOUS

LUZZASCO LUZZASCHI

*MADRIGAL*

- - lo;    Di - te - le per pie - tà,   di - te - le per

lo;    Di - te - le per pie - tà,   di - te - le

- - lo;    Di - te - le per

duo - lo;    Di - te - le per pie - tà   di - te - le per

- - lo;    Di - te - le per pie - tà   di - te - le per

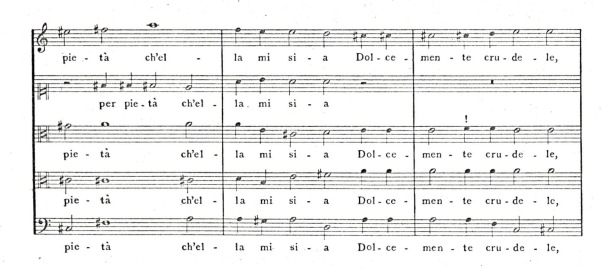

pie - tà   ch'el - la mi si - a   Dol - ce - men - te cru - de - le,

per pie - tà   ch'el - la mi si - a

pie - tà   ch'el - la mi si - a   Dol - ce - men - te cru - de - le,

pie - tà   ch'el - la mi si - a   Dol - ce - men - te cru - de - le,

pie - tà   ch'el - la mi si - a   Dol - ce - men - te cru - de - le,

dol - ce - men - te cru - de - le,   Non cru - del - men - te ri -

dol - ce - men - te cru - de - le,   Non cru - del - men - te ri -

dol - ce - men - te cru - de - le,   Non cru - del - men - te ri -

dol - ce - men - te cru - de - le,   Non cru - del - men - te ri -

dol - ce - men - te cru - de - le,   Non cru - del - men - te ri -

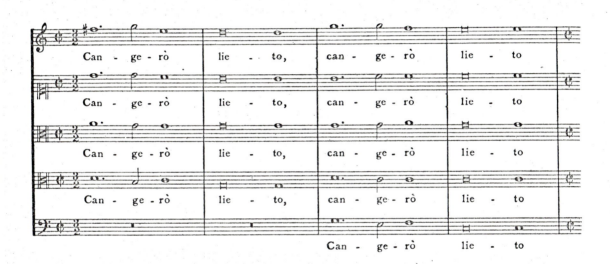

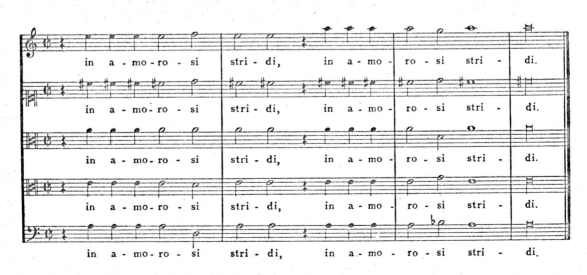

# 83

## POI CHE'L MIO LARGO PIANTO

ANONYMOUS     *MADRIGAL*     VINCENZO GALILEI

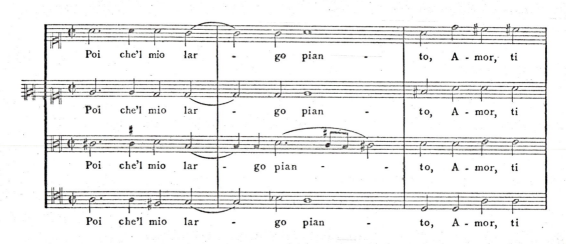

Poi che'l mio lar - go pian - to, A - mor, ti

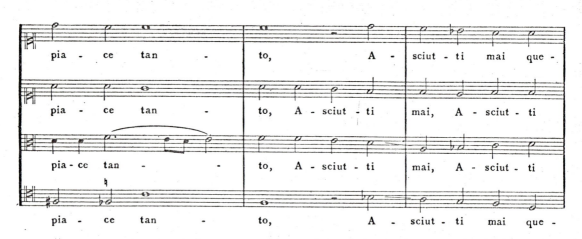

pia - ce tan - to, A - sciut - ti mai que - st'oc - chi non ve - dra - i,

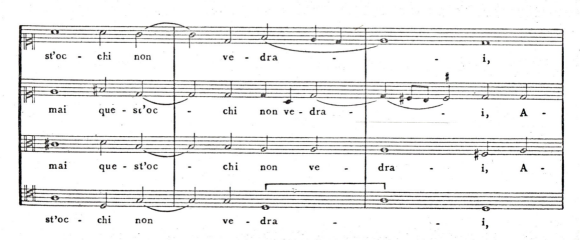

st'oc - chi non ve - dra - i,

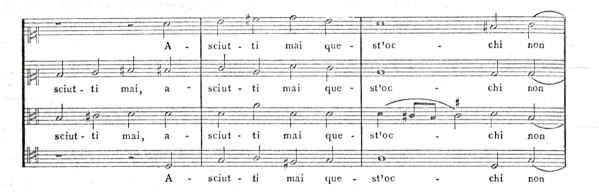

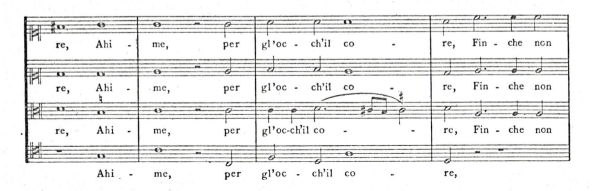

# 84

## O MISERA DORINDA OV'HAI TU POSTE

GIAMBATISTA GUARINI

*MADRIGAL*
from *Il Pastor fido*

MARCO DA GAGLIANO

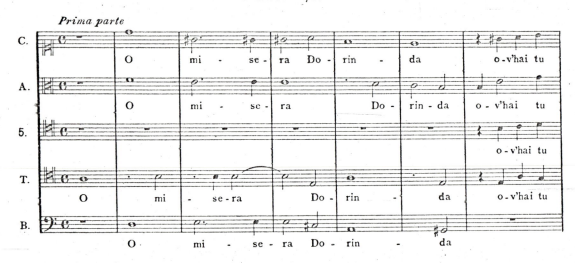

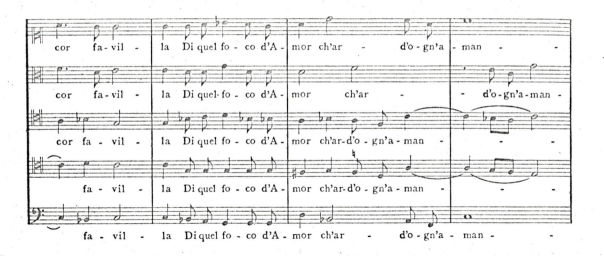

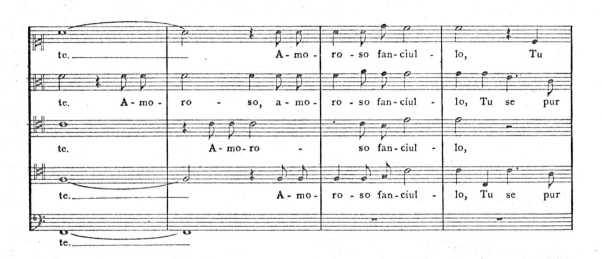

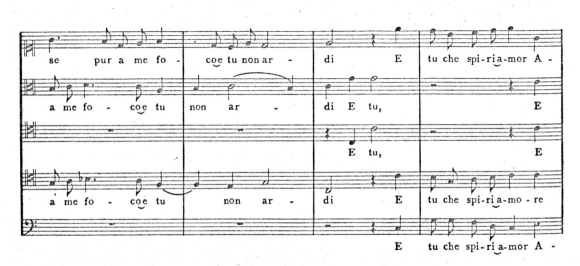

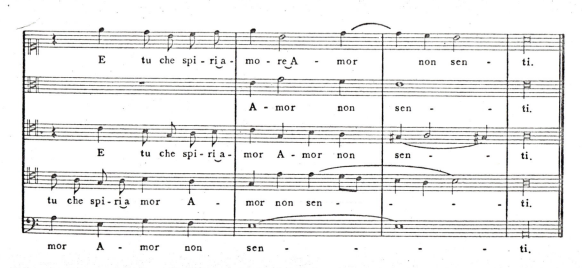

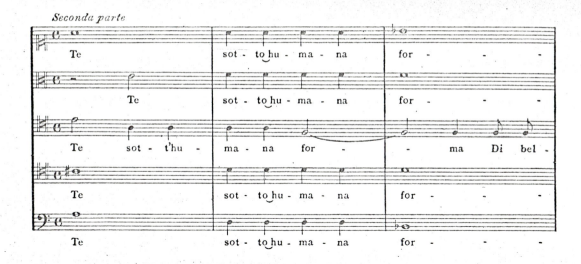

Te sot - to hu - ma - na for - - - -

Te sot - to hu - ma - na for - - - -

Te sot - t'hu - ma - na for - - ma Di bel -

Te sot - to hu - ma - na for - - - -

Te sot - to hu - ma - na for - - -

ma Di bel - lis - si - ma ma - dre Par - to - rì l'al - ma

ma Di bel - lis - si - ma ma - dre Par - to - rì l'al - ma

lis - - si - ma ma - dre Par - to - rì l'al - ma

ma Di bel - lis - si - ma ma - dre Par - to - rì l'al - ma

ma Di bel - lis - si - ma ma - dre Par - to - rì l'al - ma

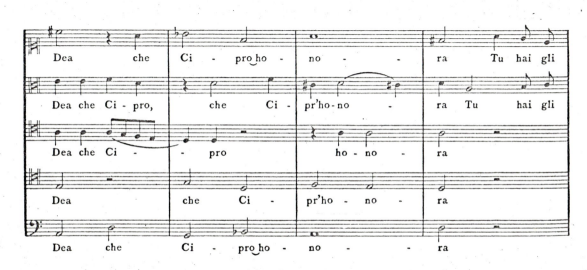

Dea che Ci - pro ho - no - ra Tu hai gli

Dea che Ci - pro, che Ci - pr'ho - no - ra Tu hai gli

Dea che Ci - pro ho - no - ra

Dea che Ci - pr'ho - no - ra

Dea che Ci - pro ho - no - ra

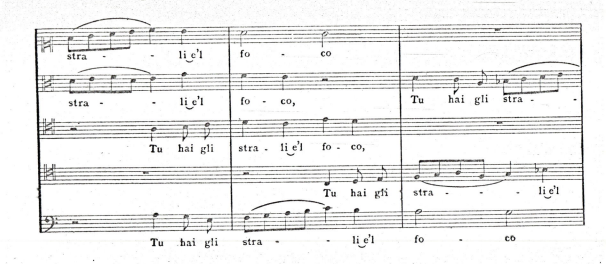

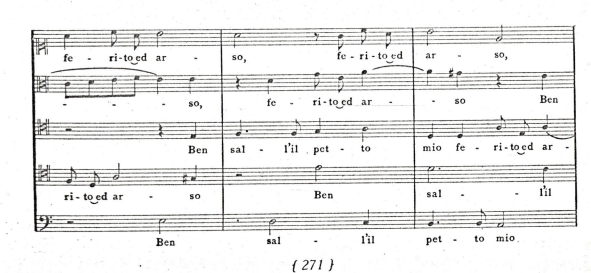

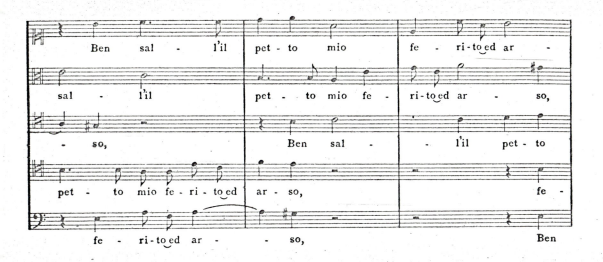

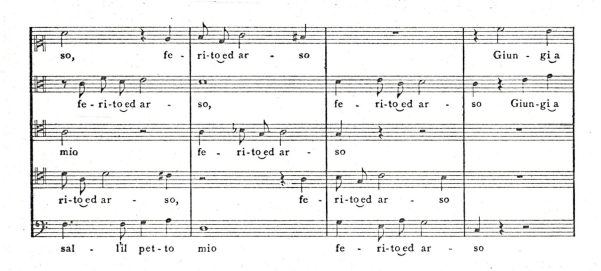

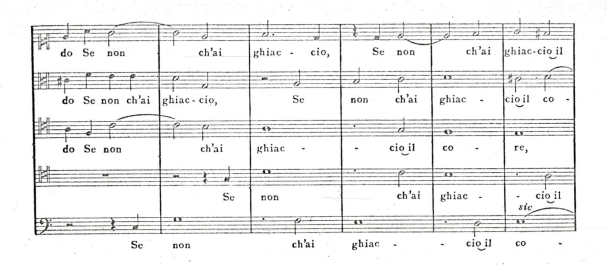

do Se non    ch'ai ghiac - cio,    Se non    ch'ai ghiac-cio il

do Se non ch'ai ghiac - cio,    Se    non    ch'ai ghiac - cio il co -

do Se non    ch'ai ghiac -   - cio il co - re,

Se non    ch'ai ghiac -   - cio il
*sic*

Se    non    ch'ai ghiac -   - cio il co -

co - re    Ne ti man - ca d'A - mor' al    - tro ch'a -

-   -   - re    Ne ti man - ca d'A - mor' al - tro

il co -   - re

co -   - re

-   -   - re

mo -   - re,    Ne ti man - ca d'A-

ch'a - mo -   - re,

Ne ti man - ca d'A - mo - re al - tro ch'a - mo -   -

Ne ti man - ca d'A - mo - re al - tro

Ne ti man - ca d'A - mor' al - tro ch'a - mo -   -

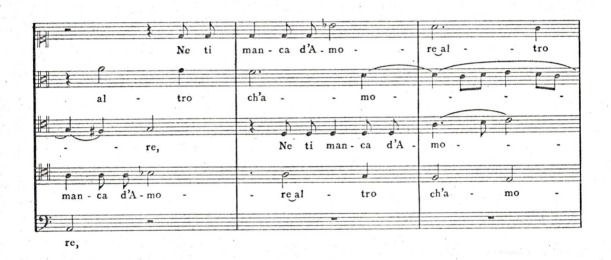

# 85

## O SONNO O DELLA QUETA HUMIDA OMBROSA

GIOVANNI DELLA CASA        *SONNET*        MARCO DA GAGLIANO

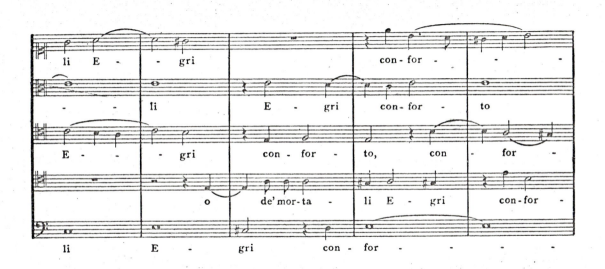

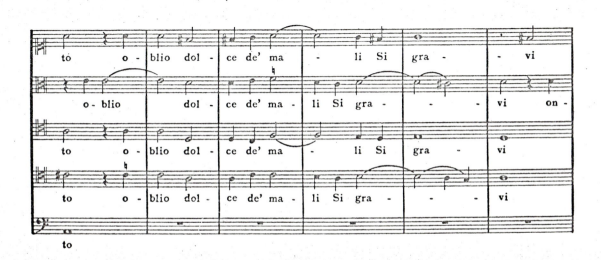

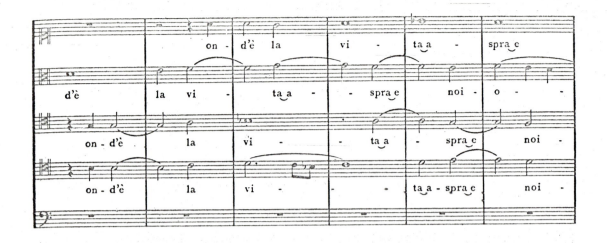

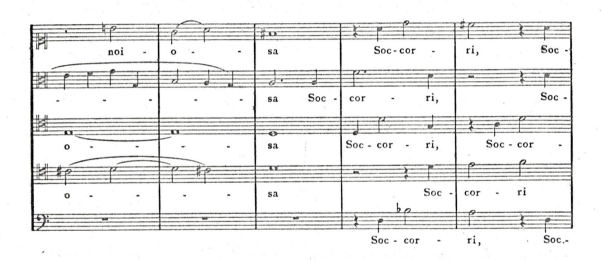

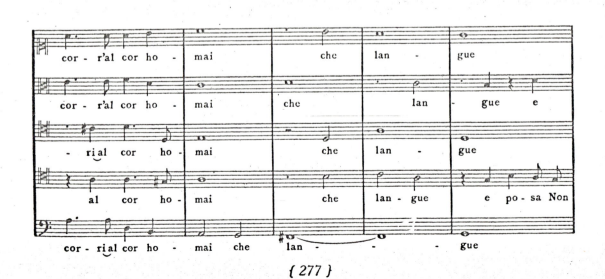

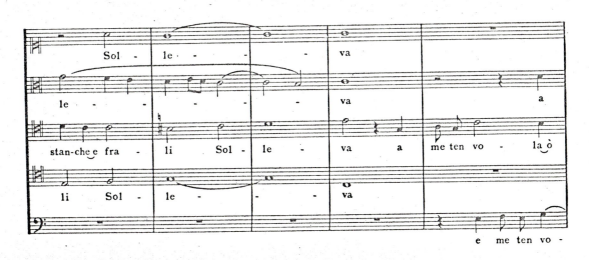

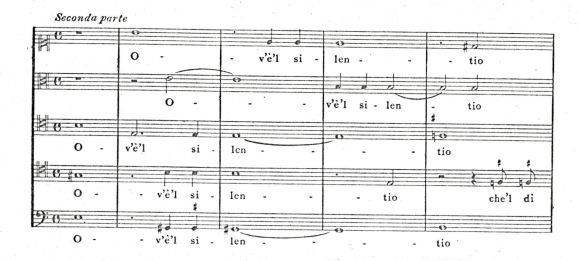

**Seconda parte**

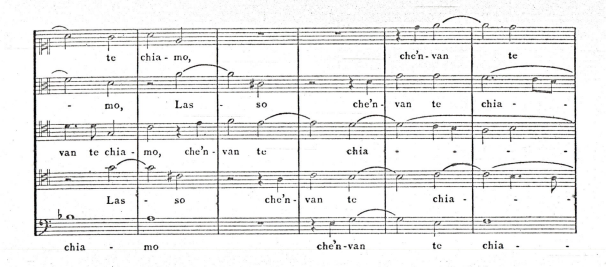

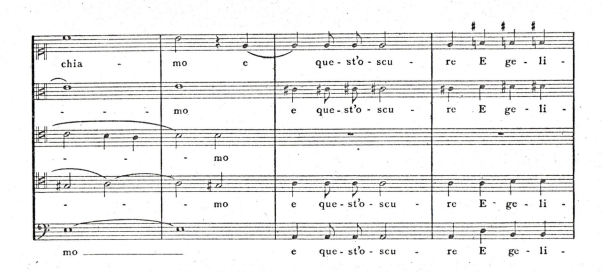

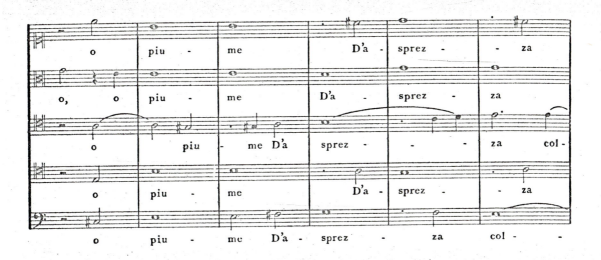

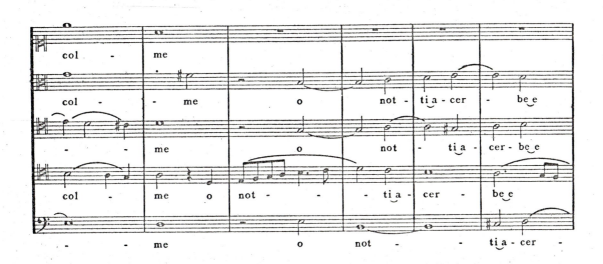

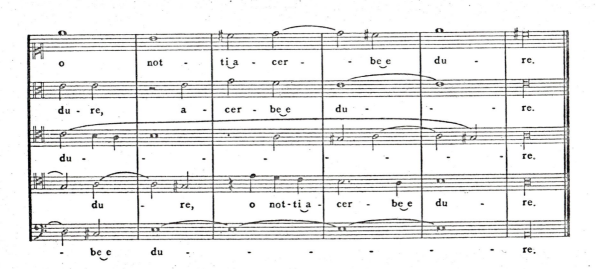

# 86

## IL GIOCO DI PRIMIERA

ALESSANDRO STRIGGIO(?)  "CACCIA"  ALESSANDRO STRIGGIO

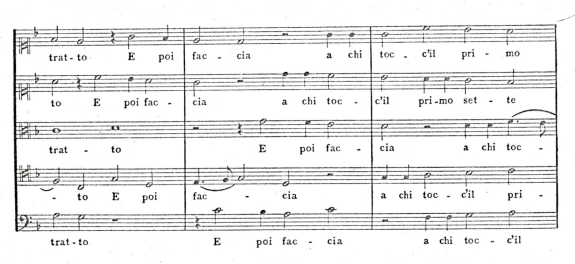

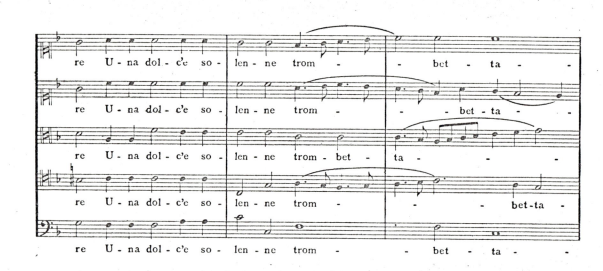

Fac - cia - si       Di   che ca - via - mo

Hor   da - te fuor      de   gros - si e'l

Fac - cia - si       Di   che ca - via - mo de   gros - si   e'l

Hor   da - te fuor       de   gros - si   e'l

Di   che ca - via - mo

Pas - sa     il   vo - glio     Ed

gros - so stes - so il va - da   si - a    Va - d'il mio gros - so    Il vo - glio

gros - s'i - stes - so il va - da   si - a    Va - da il mio gros - so    Il vo - glio

gros - so i - stes - so il va - da   si - a    Va - d'il mio gros - so    Il vo - glio   Ed

Va - d'il mio gros - so    Il vo - glio

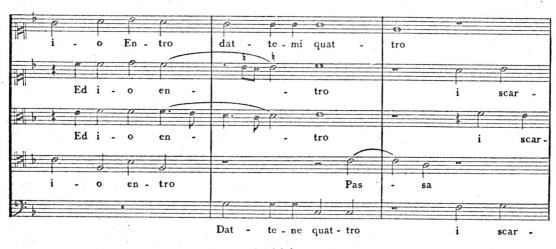

i - o En - tro   dat - te - mi quat - tro

Ed i - o en - tro     i   scar -

Ed i - o en - tro     i   scar -

i - o en - tro      Pas - sa

Dat - te - ne quat - tro     i   scar -

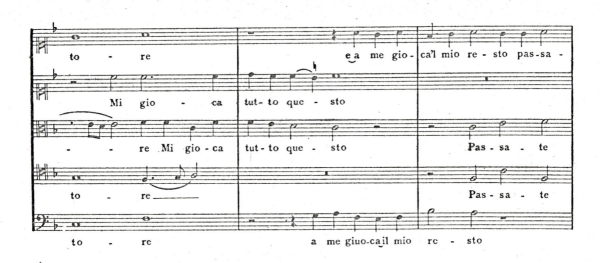

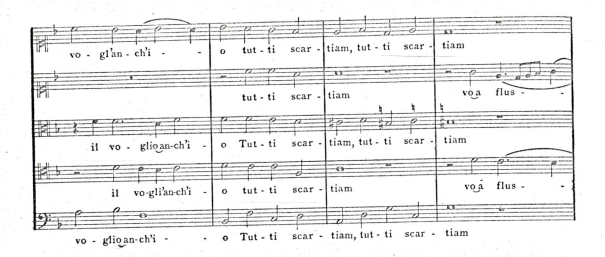

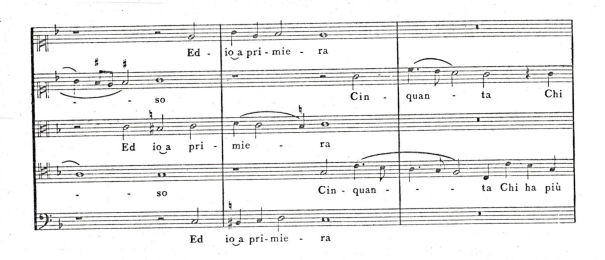

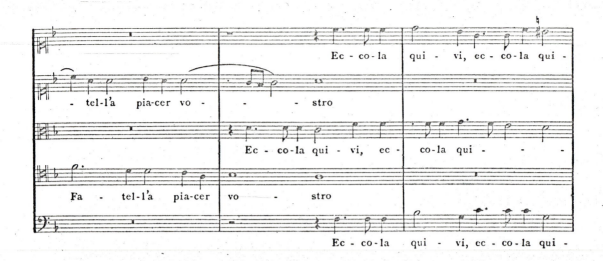

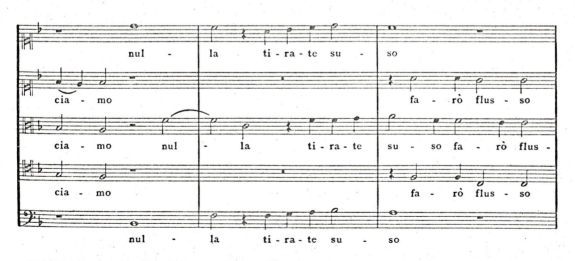

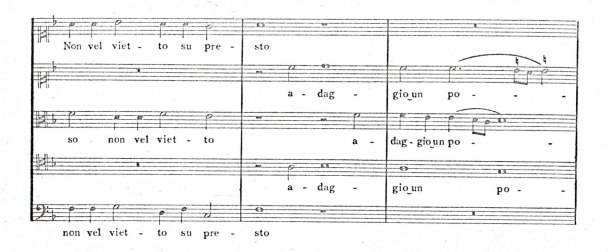

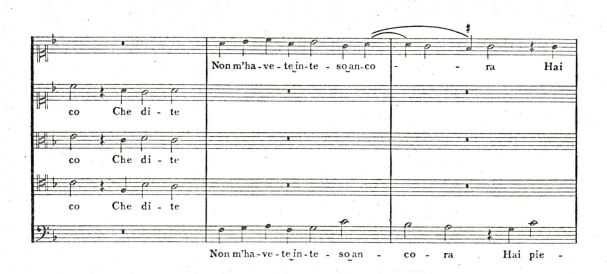

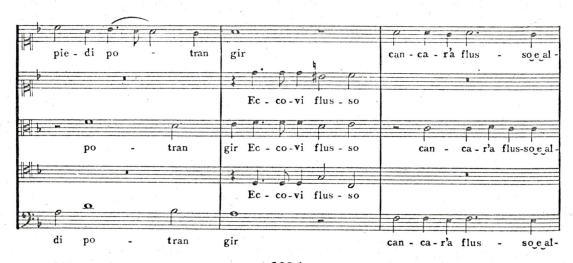

la pri-mie-r'in-sie - me ahi pu-ta-naz-za sor - te ahi ciel tra -

la pri-mie-r'in-sie - me ahi pu-ta-naz-za sor - te ahi ciel tra -

ahi pu-ta-naz-za sor - te ahi ciel tra -

la pri-mie-r'in-sie - me ahi pu-ta-naz-za sor - te ahi ciel tra -

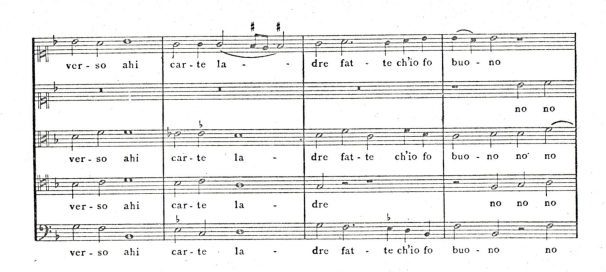

ver - so ahi car - te la - - dre fat - te ch'io fo buo - no

no no

ver - so ahi car - te la - dre fat - te ch'io fo buo - no no no

ver - so ahi car - te la - dre no no no

ver - so ahi car - te la - dre fat - te ch'io fo buo - no no

no no no no fac - cia - si pri - ma al per - di - tor del re -

no no no no fac - cia - si pri - ma al per - di - tor del re -

no no fac - cia - si pri - ma al per - di - tor del re - sto

no no no fac - cia - si pri - - - ma al per - di - tor del

no no no fac - cia - si pri - ma al per - di - tor del re - sto

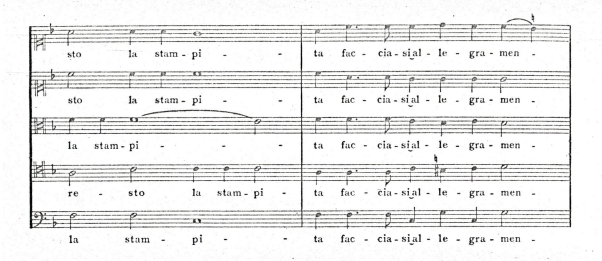

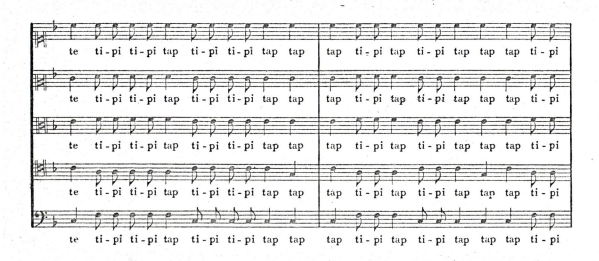

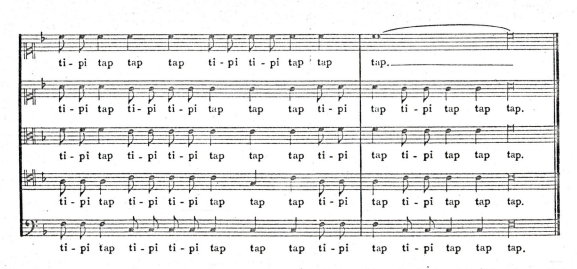

# 87

## FA UNA CANZONE SENZA NOTE NERE

ORAZIO VECCHI(?)      *CANZONETTA*      ORAZIO VECCHI

Fa u - na can - zo - ne sen - za no - te ne - re

Se mai bra - ma - sti la mia gra - tia ha - ve - re Fal - la d'un tuo -

no ch'in - vi - ta al dor - mi - re Dol - ce - men - te, dol - ce - men -

te fa - cen - do - la fi - ni - re; Fal - la... - re.

Per entro non vi spargere durezze
Che le mie orecchie non vi sono avezze
          Falla....

Ne vi far cifra ò segno contra segno
Sopra ogni cosa quest'è 'l mio disegno
          Falla....

Con questo stile il fortunato Orfeo
Proserpina la giù placar poteo,
Questo è lo stile che quetar già feo
Con dolcezza à Saul lo spirto reo!

# 88

## S'UDIA UN PASTOR L'ALTR'HIERI

ORAZIO VECCHI(?)      *CANZONETTA*      ORAZIO VECCHI

S'u - dia un Pa - stor l'al - tr'hie - ri Ch'al sem - bian - te pa - rea di vi - ta

S'u - dia un Pa - stor l'al - tr'hie - ri Ch'al sem - bian - te pa - rea di vi - ta

S'u - dia un Pa - stor l'al - tr'hie - ri Ch'al sem - bian - te pa - rea di vi - ta

A lui mi fei vicino
Ch'era privo di moto come un sasso
E sol dicea: "I son ferito ahi lasso."

"Taci" diss'io, Pastore,
Ch'è ferita leggier, non dubitare;
Che'l feritore ancor ti può sanare."

"E qual Medico fia
Che risani il mio cor dal duro passo?"
"Livia se canta: 'I son ferito ahi lasso'."

"Dunque Livia gentile
Canta, canta, ch'a morte più non passo;
Che fia mia vita: 'I son ferito ahi lasso'."

# 89

## SOTTILE E DOLCE LADRA

ANONYMOUS     *MADRIGAL*     FILIPPO DI MONTE

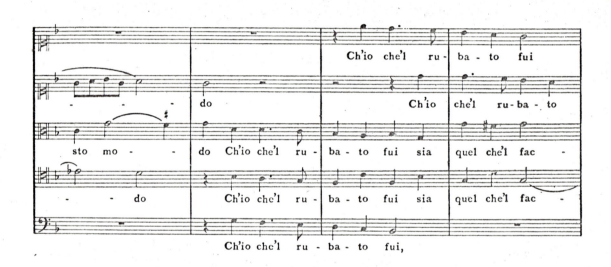

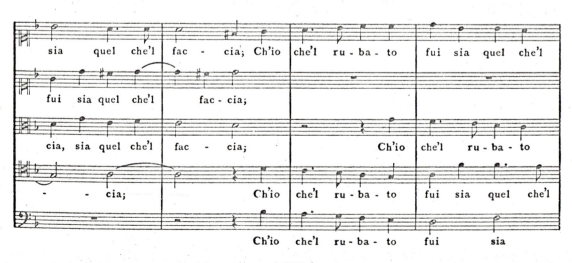

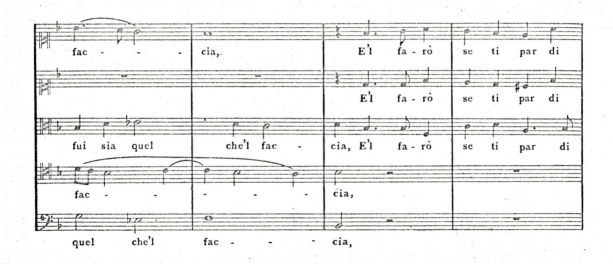

# 90

## IO NON SON PERÒ MORTO

ANONYMOUS        *MADRIGAL*        GIACHES WERT

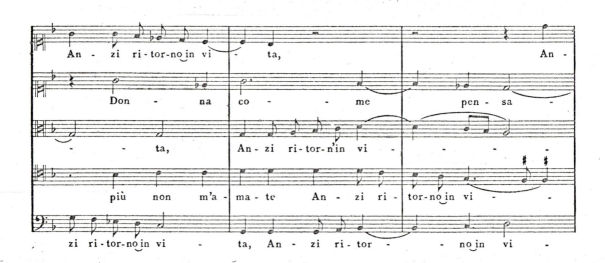

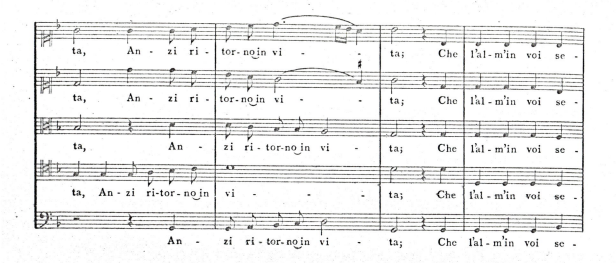

ta, An - zi ri - tor-no in vi - ta; Che l'al - m'in voi se -

ta, An - zi ri - tor-no in vi - ta; Che l'al - m'in voi se -

ta, An - zi ri - tor-no in vi - ta; Che l'al - m'in voi se -

ta, An - zi ri - tor-no in vi - ta; Che l'al - m'in voi se -

An - zi ri - tor-no in vi - ta; Che l'al - m'in voi se -

pol - ta Da voi sen - do - si sciol - ta Si

pol - ta Da voi sen - do - si sciol - ta Si

pol - ta Da voi sen - do - si sciol - ta Si

pol - ta

pol - ta

tro-va es - se - r'u - sci - ta D'u - na pri - gion mor-ta - le

tro-va es - se - r'u - sci - ta D'u - na pri - gion mor - ta - le

tro-va es - se - r'u - sci - ta D'u - na pri-gion mor - ta - le E can-gia in

E can-gia in vi -

E can-gia in

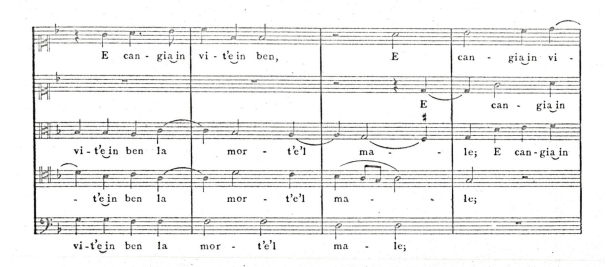

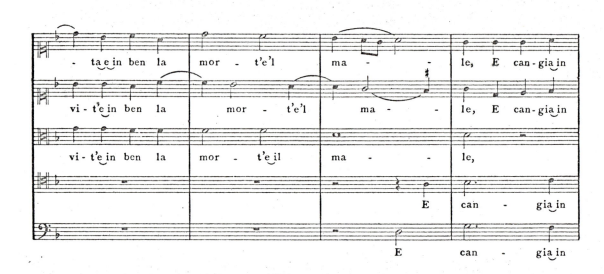

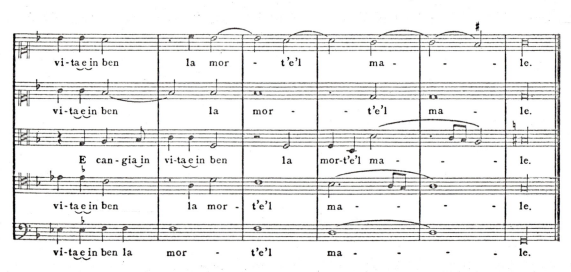

# 91

## NON È SI DENSO VELO

ANONYMOUS

*MADRIGAL*

GIACHES WERT

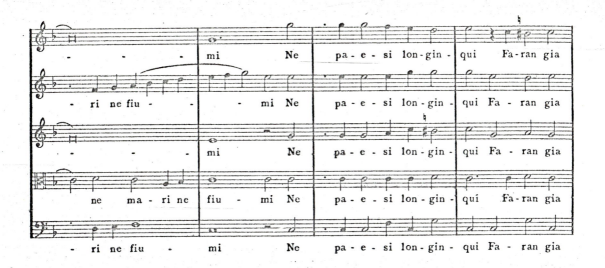

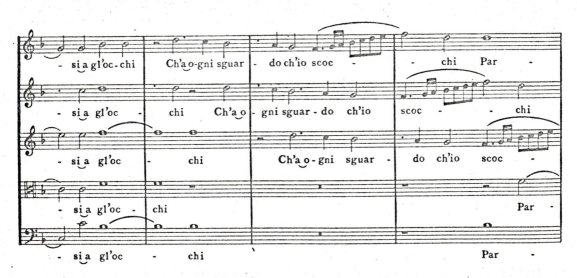

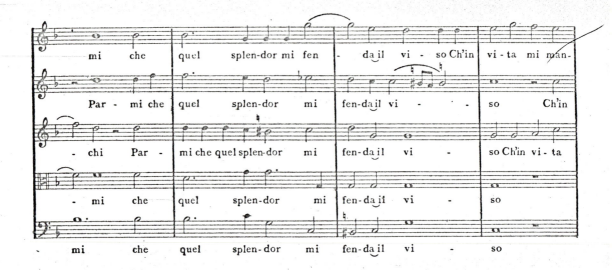

# 92

## O DOLCEZZE AMARISSIME D'AMORE

ANONYMOUS        *MADRIGAL*        LUZZASCO LUZZASCHI

O dol - cez - ze a - ma - ris - si - me d'A - mo - re Que -

O dol - cez - ze a - ma - ris - si - me d'A - mo - re Que -

O dol - cez - ze a - ma - ris - si - me d'A - mo - re Que -

st'è pur il mio co - re Que - st'è pur il mio ben

st'è pur il mio co - re Que-st'è pur il mio ben che

st'è pur il mio co - re Que-st'è pur il mio ben

che più lan - gui - sco Che fa me - co il do -

più lan - gui - sco Che fa me - co il do -

che più lan - gui - sco Che fa me - co il do -

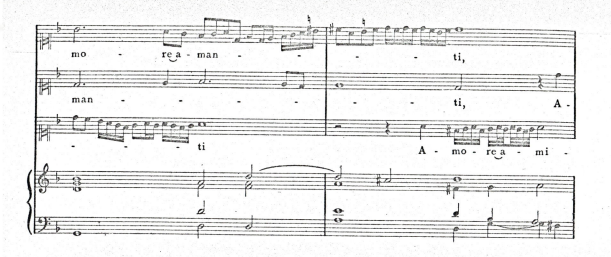

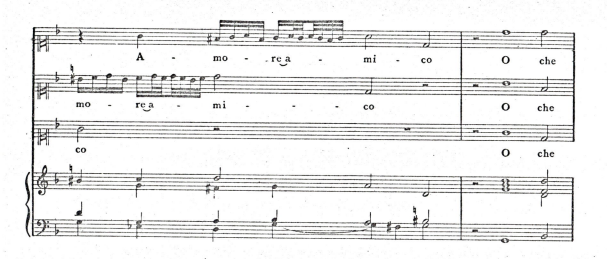

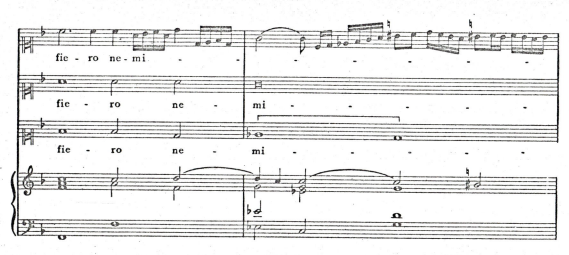

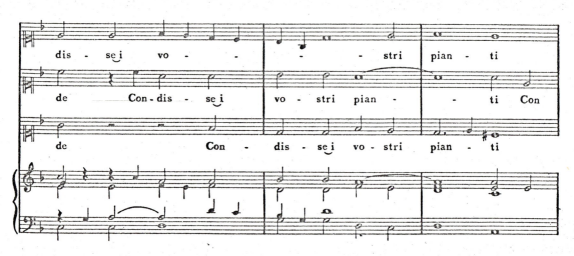

gen - te e cru - - do      Ed è men di - sar -

- - - do      Ed è men di - sar - ma -

cru - - do Ed è men di - sar - ma - to

ma - to    all' hor ch'è nu - - - do;

to    all' hor ch'è nu - - - do;

all' hor ch'è nu - do, all' hor ch'è nu - - - do;

Non cre - de - te ai sem - bian - ti Che par so - a -

Non cre - de - te ai sem - bian - - - ti Che par so -

Non cre - de - te ai sem - bian - - - ti Che par so -

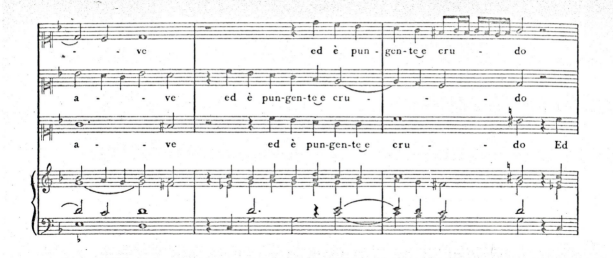

# 93

## QUESTE NON SON PIU LACHRYME CHE FORE

LODOVICO ARIOSTO   *OTTAVA RIMA*   BARTOLOMEO TROMBONCINO

Que - ste non son piu la-chri - me che fuo - - re Spar-go
Non sup-pli - ron le la-chri-me al do - lo - re Fi - nir
Dal fo - co spin-to hor el vi - tal hu - mo - re Fu - ge

per gli oc - chi cum si lar - ga ve - - na   Et se quel
che a me - zo e - ra el dol - or   a pe - - na
per que - sta via che a glio - chi me - na

che si ver - sa tra - ra in-sie - - me Cum la do-glia la vi-ta a l'ho -

re e-stre - - me Cum la do - glia la vi-ta a l'ho - re e-stre - - me.

# 94

## AQUA NON E L HUMOR CHE VERSAN GLI OCCHI

ANONYMOUS      *OTTAVA (STRAMBOTTO)*      BARTOLOMEO TROMBONCINO

A - qua non e l hu - mor che ver - san gli oc - chi
A - mor non vuol che na - tu - ral tra - bo - chi
Fra tan - ti stra - li e tan - tia - cu - ti sto - chi

Ma san - gue vi - vo in quel co - lor con - ver - so
Per - che fo - ra spe - cta - cul trop - po ad - ver - so
In o - gni mo - do san - gue e quel ch io ver - so

Pe - ro pa - li - do e sem - pre un a - ma - to - re

Che quan - do pian - ge san - gue e quel hu - mo - re

Che quan-do pian-ge san-gue e quel hu-mo-re.

# 95

## CON LAGRIME, ET SOSPIR NEGANDO PORGE

ANONYMOUS      *MADRIGAL*      PHILIPPE VERDELOT

Con la gri me, et so spir ne - gan - do por -

Lute

ge Ma - don - na i de - si - a - ti ba - sci al co -

re. Et per - che trop-p'ar - do - re, Den - tr'al mio pet - to scor - ge

Si do - - na ben - che me - sta al no - str'a - mo -

re. O gra - to e dol - ce no -

do, O - v'io si lie - t'in ser - vi - tu mi go -

do.

# 96

## VATTEN'ALMO RIPOSO ECCO CH'IO TORNO·

ANONYMOUS                    *MADRIGAL*                    FRANCESCO CORTECCIA

Voice

Vat - te - n'al - mo ri - po - so ec - co ch'io tor -

Organ

no, ec - co ch'io tor - no     Et ne ri -

me - n'il gior - no     et ne

ri - me - n'il gior - no.

# 97

## DOLCE MIO BEN DOLCE COLOMBA MIA

ANONYMOUS        *MADRIGAL*        BALDISSERRA DONATO

Dol - ce mio ben, dol - ce co - lom - ba mi - a, Se'l ve - der voi m'ha tol - to Di - spet - - - t'e ge - - lo - si - - a Tol - to non mi fia gia che quel bel vol - - -

che ve-der non puon gl'oc - - - - chi d'ap - -

- pres - so Quel che ve-der non puon, Quel che ve-der non

puon gl'oc - - - - chi d'ap - - pres - so.

*NOTES*

# NOTES

1. Anonymous. Sonnet. About 1470. Source: Paris, Bibl. Nat., Ms. fonds français No. 15,123 (Coll. Pixérécourt). Author of the text: Francesco Petararch.

2. Heinrich Ysaac. Ballata. About 1485. Source: Florence, Bibl. Naz. Centr., Ms. XIX, 10.141. The words after Florence, Ist. Mus., B.2440, No. 9, as set by Barth. Florentinus Organista. Author of the text: Angelo Poliziano.

3. Bernardo Pisano. Ballata. About 1485. Source: Florence, Ist. Mus., B.2440, No. 14. Author of the text: Angelo Poliziano.

4. Anonymous. Frottola. Printed 1505. Source: Frottole Libro quinto, No. 33. Venetiis, 1505, Ott. Petrucci. Author of the text: unknown.

5. Anonymous. Frottola. Printed 1507. Source: Frottole Libro septimo, No. 20. Venetiis, 1507, Ott. Petrucci. Author of the text: unknown.

6. Anonymous. Strambotto. Printed 1505. Source: Frottole Libro quarto, No. 42. Venetiis, 1505, Ott. Petrucci. Author of the text: unknown.

7. Anonymous. Strambotto. Printed 1505. Source: Frottole Libro quarto, No. 43. Venetiis, 1505, Ott. Petrucci. Author of the text: unknown.

8. Bartolomeo Tromboncino. Oda. Printed 1505. Source: Frottole Libro tertio, No. 62. Venetiis, 1504 (1505), Ott. Petrucci. Author of the text: unknown.

9. Joannes Lulinus. Capitolo. Printed 1514. Source: Frottole Libro undecimo, No. 44. Venetiis, 1514, Ott. Petrucci. Author of the text: unknown.

10. Francesco d'Ana. Sonnet. Printed 1504. Source: Frottole Libro secondo, No. 3. Venetiis, 1504 (1505), Ott. Petrucci. Author of the text: unknown.

11. Bartolomeo Tromboncino. Sonnet. Printed 1516. Source: Frottole Libro secondo, No. 5. Roma, 1516, Giacomo Mazochi. Author of the text: Francesco Petrarch.

12. Bartolomeo Tromboncino. Canzon. Printed 1507. Source: Frottole Libro settimo, No. 37. Venetiis, 1507, Ott. Petrucci. Author of the text: Francesco Petrarch.

13. Bartolomeo Tromboncino. Ballata. Printed 1514. Source: Frottole Libro undecimo, No. 6. Venetiis, 1514, Ott. Petrucci. Author of the text: Jacopo Sannazaro.

14. A. Antico da Montona (Andrea de Antiquis). Sonnet. Printed 1508. Source: Frottole Libro nono, No. 57. Venetiis, 1508 (1509), Ott. Petrucci. Author of the text: unknown.

15. Bartolomeo Tromboncino. Madrigal. Printed 1519. Source: Fioretti di Frottole Barzellette . . . Libro secondo, No. 21. Napoli, 1519, Antonio de Caneto. Author of the text: Michelangelo Buonarroti.

16. Philippe Verdelot. Madrigal. Printed 1536 (1535?). Source: Verdelot, Il primo libro de Madrigali. Venetiis, 1537, Ott. Scotto. The version of the text after Claudio Merulo's edition of 1566, No. 2. Author of the text: unknown.

17. Philippe Verdelot. Madrigal. Printed 1537. Source: Verdelot, Il secondo libro de Madrigali. Venetiis, 1537, Ott. Scotto. Author of the text: unknown.

18. Philippe Verdelot. Madrigal. Printed 1536 (1535?). Source: Verdelot, Il primo libro de Madrigali. Venetiis, 1537, Ott. Scotto. Author of the text: unknown.

19. Philippe Verdelot. Madrigal. Printed 1536 (1535?). Source: Verdelot, Il primo libro de Madrigali, No. 53. Venetiis, 1537, Ott. Scotto. The version of the text after Claudio Merulo's edition of 1566. Author of the text: unknown.

20. Costanzo Festa. Madrigal. Printed 1536. Source: Verdelot, Il secondo libro de Madrigali, No. 45. Venetiis, 1537, Ott. Scotto. The version of the text after Claudio Merulo's edition of 1566. Author of the text: unknown.

21. Costanzo Festa. Madrigal. Printed 1539. Source: Arcadelt, Il quarto libro di Madrigali a quattro, No. 39. Venetia, 1539, Ant. Gardano. Author of the text: unknown.

22. Jacques Arcadelt. Sonnet. Printed 1539. Source: Archadelt, Il vero secondo libro di Madrigali, p. 2. Venetia, 1539, Antonio Gardano. Text after Gardano's edition of 1560, p. 6. (Arcadelt did not compose the terzetti.) Author of the text: Francesco Petrarch.

23. Jacques Arcadelt. Madrigal. Printed 1539. Source: Il primo libro di Madrigali d'Archadelt, p. 50. Venetia, 1539, Antonio Gardano. Author of the text: Jacopo Sannazaro.

24. Jacques Arcadelt. Ballata. Printed 1539. Source: Archadelt, Il vero secondo libro di Madrigali, p. 28. Venetia, 1539, Antonio Gardano. Text after Gardano's edition of 1541, p. 32. Author of the text: Pietro Bembo.

25. Francesco Corteccia. Madrigal (for a comedy). Printed 1547. Source: Fr. Corteccia, Libro primo de Madriali [sic] a quatro voci, No. 8. Venetia, 1547, Ant. Gardano. Author of the text: unknown.

26. Francesco Corteccia. Ottava rima. Printed 1547. Source: Corteccia, Libro secondo de Madriali a quatro voci, No. 31. Venetia, 1547, Antonio Gardano. Author of the text: Lodovico Ariosto.

27. Francesco Corteccia. Madrigal. Printed 1547. Source: Corteccia, Libro primo de Madriali a quatro voci, No. 18. Venetia, 1547, Antonio Gardano. Author of the text: unknown.

28. Giacomo Fogliano. Frottola. Printed 1515. Source: Canzone Sonetti Strambotti et Frottole Libro primo, No. 17. Siena, 1517, P. Sambonetti. Author of the text: unknown.

29. Giacomo Fogliano. Madrigal. Printed 1537 (1543). Source: Delli madrigali a tre voci. Venetijs, 1537, Andrea Antico. Author of the text: unknown.

30. Domenico Ferabosco. Ballata. Printed 1542. Source: D'Autori il primo libro d'i Madrigali . . . a misura di breve . . . quatuor vocum. Venetijs, 1542, Ant. Gardano. Text after: Musica divina di xix Autori, Anversa, 1588, p. 3. Author of the text: Giovanni Boccaccio.

31. Adrian Willaert. Madrigal. Printed 1536. Source: Il secondo libro de Madrigali di Verdelotto, No. 40. Venetiis, 1537, Ott. Scotto. Text after Claudio Merulo's edition, 1566. Author of the text: Bonifazio Dragonetto.

32. Adrian Willaert. Sonnet. Printed 1559. Source: Willaert, Musica Nova, p. 114. Venetia, 1559, Antonio Gardano. Author of the text: Francesco Petrarch.

33. Anonymous (Messer Fra Pietro da Hostia?). Villotta. Printed 1526. Source: Canzoni, Frottole e Capitoli . . . Libro Primo. De la Croce. Roma, 1526, Giacomo Giunta. Text

after Florence, Bibl. Naz. Centr., Ms. Magl. XIX, 164-167, No. XLIII. Author of the text: unknown.

34. Jacques Arcadelt Villanella. About 1530[?]. Source: Tiers Livre de Chansons. Paris, 1554, Le Roy and Ballard. Author of the text: unknown.

35. Bartolomeo Tromboncino. Frottola. Printed 1505. Source: Frottole Libro tertio, No. 19. Venetiis, 1504 (1505), Ott. Petrucci. Author of the text: unknown.

36. Filippo Azzaiolo. Villotta alla Padoana. Printed 1557. Source: Il primo libro de Villotte alla Padoana, No. 20. Venetia, 1557, Antonio Gardano. Author of the text: unknown.

37. Giovan Tommaso di Maio. Canzon villanesca alla napoletana. Printed 1546. Source: G. T. di Maio, Canzon vilanesche Libro primo, No. 1. Venetia, 1546, Antonio Gardano. Author of the text: unknown.

38. Giovan Tommaso di Maio. Villanella (Canzon villanesca alla napoletana). Printed 1546. Source: G. T. di Maio. Canzon vilanesche Libro primo, No. 5. Venetia, 1546, Antonio Gardano. Author of the text: unknown.

39. Giovan Domenico da Nola. Canzon villanesca alla napoletana (Mascherata). Printed before 1541. Source: Don Ioan Domenico del Giovane de Nola, Canzone villanesche, No. 6. Venetiis, 1541, Girolamo Scotto. Author of the text: unknown.

40. Vincenzo Fontana. Canzon villanesca alla napoletana. Printed 1545. Source: Vi[n]cenzo Fontana, Canzone villanesche . . . Libro primo, No. 8. Venetijs, 1545, Ant. Gardano. Author of the text: unknown.

41. Giovan Domenico da Nola(?). Moresca. Printed 1555. Source: Li quattro libri delle Villotte alla Napolitana . . . con due Moresche . . . ristampate. Venetia, 1565, Girolamo Scotto. Earlier edition: Secondo libro delle Muse . . . Canzoni Moresche di diversi Autori, No. 2. Roma, 1555, Antonio Barrè. Author of the text: unknown (da Nola?).

42. Giovan Domenico da Nola. Canzon villanesca alla napoletana. Printed 1541. Source: Ioan Domenico del Giovane de Nola, Canzone Villanesche . . . Libro secundo . . . rist. No. 2. Venetijs, 1545, Ant. Gardano. Author of the text: unknown.

43. Adrian Willaert. Canzon villanesca. Printed 1544. Source: Canzone villanesche alla Napolitana di M. Adriano Wigliaret . . . Primo libro, No. 2. Venetijs, 1545, Ant. Gardano. An earlier edition, 1544, Venice, Gir. Scotto. Author of the text: unknown.

44. Thomaso Cimello. Canzon villanesca alla napoletana. Printed 1545. Source: Canzone villanesche al modo Napolitano . . . di Thomaso Cimello . . . Libro primo, No. 11. Venetiis, 1545, Antonio Gardano. Author of the text: unknown (Cimello?).

45. Cipriano de Rore. Sonnet. Printed 1542. Source: Cipriano Rore, I Madrigali a cinque voci, No. 12. Venetiis, 1542, Girolamo Scotto. Text after the edition of Angelo Gardano, Ven., 1576. Author of the text: Francesco Petrarch.

46. Cipriano de Rore. Sonnet. Printed 1544. Source: Di Cipriano il secondo libro de Madrigali a cinque, No. 22. Venetijs, 1544, Antonio Gardano. Text after Gardano's edition of 1551. Author of the text: Francesco Petrarch.

47. Cipriano de Rore. Madrigal. Printed 1547. Source: Il primo libro de Madrigali a quatro voci, Di M. Cypriano de Rore, No. 13. Ferrara, 1550, Giovanni de Buglhat and

Ant. Hucher. Text after Gardano's edition of 1569. Author of the text: Alfonso d'Avalos, Marchese del Vasto.

48. Cipriano de Rore. Sestina stanza. Printed 1557. Source: Di Cipriano de Rore il secondo libro de Madrigali a quatro voci. Venetia, 1557, Antonio Gardano. Text after the edition of Gardano's successors, 1571, No. 9, second part. Author of the text: Francesco Petrarch.

49. Cipriano de Rore. Sonnet. Printed 1557. Source: Di Cipriano de Rore il secondo libro de Madrigali a quatro voci, No. 5. Venetia, 1557, Antonio Gardano. Text after the edition of Gardano's successors, 1571. Author of the text: Giovanni della Casa.

50. Pietro Taglia. Ottava rima. Printed 1555. Source: Pietro Taglia, Il primo libro de Madrigali a quattro voci, No. 21. Milano, 1555, Fr. and Simone Moscheni. Author of the text: unknown.

51. Giachet Berchem. Madrigal. Printed 1555. Source: Di Iachet Berchem, Il primo libro di Madrigali a quattro voci, p. xvi. Venetia, 1556, Antonio Gardano. Author of the text: unknown.

52. Jacques Arcadelt. Canzon. Printed 1555. Source: Primo libro delle Muse a cinque voci, No. 1. Roma, 1555, Antonio Barre. Author of the text: Francesco Petrarch.

53. Perissone Cambio. Canzon villanesca alla napoletana (Villotta). Printed 1545. Source: Perissone Cambio, Canzone villanesche alla Napolitana, No. 19. Venetijs, 1545, Antonio Gardano. Author of the text: unknown.

54. Perissone Cambio. Canzon villanesca alla napoletana. Printed 1545. Source: Perissone Cambio, Canzone villanesche alla Napolitana, No. 7. Venetijs, 1545, Antonio Gardano. Author of the text: unknown.

55. Girolamo Parabosco. Sonnet. Printed 1544. Source: Di Cipriano de Rore il secondo libro di Madrigali a cinque voci, No. 13. Venetia, 1563, Antonio Gardano. Author of the text: unknown.

56. Baldisserra Donato. Madrigal (Dialogue). Printed 1553. Source: Di Baldessare Donato, Il primo libro de' Madrigali a cinque . . . voci, p. 33. Venetia, 1557, Plinio Pietrasanta. Author of the text: unknown.

57. Vincenzo Ruffo. Ottava rima. Printed 1545. Source: Di Vincenzo Ruffo il primo libro di Madrigali a notte negre, p. 29. Venetiis, 1545, Ant. Gardane. Text after Gardano's edition of 1556. Author of the text: Lodovico Ariosto.

58. Vincenzo Ruffo. Madrigaletto. Printed 1560. Source: Di Vicentio Ruffo, Il terzo libro de Madrigali a quatro voci, No. 5. Venetia, 1560, Antonio Gardano. Author of the text: unknown.

59. Vincenzo Ruffo. Canzon. Printed 1554. Source: Madrigali a sei a sette et a otto voce . . . de Vincentio Ruffo, p. 17ff. Venetiis, 1554, Girolamo Scotto. Author of the text: unknown.

60. Andrea Gabrieli. Giustiniana. Printed 1570. Source: Andrea Gabrieli, Greghesche et Giustiniane . . . Libro primo, No. 15. Venetia, 1571, Figlioli di Ant. Gardano. Here only the words of the first and the third stanza. The other stanzas in: Il primo libro

delle Iustiniane a tre voci, No. 8. Venetia, 1570, Girolamo Scotto. Author of the text: Antonio Molino.

61. Andrea Gabrieli. Madrigal. Printed 1566. Source: Di Andrea Gabrieli, Il primo libro di Madrigali a cinque voci, No. 7. Venetia, 1572, Figliuoli di Antonio Gardano. Author of the text: unknown.

62. Andrea Gabrieli. Sonnet. Printed 1566. Source: Di Andrea Gabrieli, Il primo libro di Madrigali a cinque voci, No. 3. Venetia, 1572, Figliuoli di Antonio Gardano. Author of the text: Francesco Petrarch.

63. Andrea Gabrieli. Madrigal (Dialogue). Printed 1587. Source: Concerti di Andrea, et di Gio. Gabrieli . . . Libro primo and secondo, p. 57. Venetia, 1587, Angelo Gardano. Author of the text: Gio. Battista Guarini.

64. Andrea Gabrieli. Ottave rime. Printed 1575. Source: Libro primo de Madrigali a tre voci, de Andrea Gabrieli, No. 1. Venetia, 1575, Antonio Gardano. Author of the text: Luigi Tansillo.

65. Giaches Wert. Sestina stanza. Printed 1588. Source: Di Giaches de Wert il nono libro de Madrigali a cinque et sei voci, No. 7, Part 2. Venetia, 1588, Angelo Gardano. Author of the text: Francesco Petrarch.

66. Giuseppe Caimo. Madrigal. Printed 1564. Source: Il primo libro de Madrigali a quattro voci di Giuseppe Caimo Milanese, No. 11. Milano, 1564, Francesco Moscheni. Author of the text: Alfonso d'Avalos, Marchese del Vasto.

67. Giuseppe Caimo. Madrigal. Printed 1564. Source: Il primo libro de Madrigali a quattro voci di Giuseppe Caimo Milanese, No. 16. Milano, 1564, Francesco Moscheni. Author of the text: unknown.

68. Giaches Wert. Ottava rima. Printed 1561. Source: Il primo libro de' Madrigali a quattro voci di Giaches de Wert, No. 6, Part 1. Venegia, 1561, Girolamo Scotto. Author of the text: Lodovico Ariosto.

69. Giaches Wert. Ottave rime. Printed 1581. Source: Di Giaches de Wert il settimo libro de Madrigali a cinque voci, No. 9. Venetia, 1581. Author of the text: Torquato Tasso.

70. Massimo Troiano. Canzon alla napoletana. Printed 1569. Source: Di Massimo Troiano . . . il quarto libro delle sue rime, and Canzoni alla Napolitana, No. 5. Vinegia, 1569, Girolamo Scotto. Author of the text: Troiano(?).

71. Giovan Domenico da Nola. Canzon villanesca. Printed 1570. Source: Corona delle Napoletane a tre et a quattro voci, p. 72. Vinegia, 1570, Girolamo Scotto. Author of the text: unknown.

72. Luca Marenzio. Villanella. Printed 1585. Source: Il terzo libro delle villanelle et arie alla Napolitana a tre voci di Luca Marenzio, No. 1. Roma, 1585, Alessandro Gardano. Author of the text: unknown.

73. Giovanni Ferretti. Canzon alla napoletana. Printed 1569. Source: Di Giovan Ferretti il secondo libro delle Canzoni alla Napolitana a cinque voci, No. 10. Vinegia, 1569, Girolamo Scotto. Author of the text: unknown.

74. Giuseppe Caimo. Canzonetta. Printed 1584. Source: Di Giuseppe Caimo il secondo libro

di canzonette a quattro voci, No. 1. Venetia, 1584, Vincenzi and Amadino. Author of the text: unknown.

75. Gioseppe Caimo. Canzonetta. Printed 1584. Source: Di Gioseppe Caimo il secondo libro di canzonette a quattro voci, No. 17. Venetia, 1584, Vincenzi and Amadino. Author of the text: unknown.

76. Pierre Sandrin. Chanson. Printed 1548. Source: Vingt sixième livre contenant xxvii Chansons. Paris, 1548, Attaingnant. Author of the text: unknown.

77. Gian Giacomo Gastoldi. Balletto (Canzonetta). Printed 1591. Source: Balletti a cinque voci . . . di Gio. Giacomo Gastoldi da Caravaggio, No. 18. Venetia, 1591, Ricciardo Amadino. Author of the text: unknown.

78. Gian Giacomo Gastoldi. Balletto. Printed 1591. Source: Balletti a cinque voci . . . di Gio. Giacomo Gastoldi da Caravaggio, No. 6. Venetia, 1591, Ricciardo Amadino. Author of the text: unknown.

79. Andrea Gabrieli. Madrigal. Printed 1570. Source: Di Andrea Gabrieli . . . il secondo libro di Madrigali a Cinque Voci, No. 9. Venetia, 1570. Author of the text: unknown.

80. Luca Marenzio. Sestina stanza. Printed 1587. Source: Di Luca Marenzio Madrigali a quatro cinque, et sei voci, No. 14. Venetia, 1588, Giacomo Vincenzi. Author of the text: Jacopo Sannazaro.

81. Luzzasco Luzzaschi. Ottava rima. Printed 1594. Source: Il quarto libro de' Madrigali a cinque voci di Luzzasco Luzzaschi, No. 14. Ferrara, 1594, Baldini. Author of the text: Luigi Tansillo.

82. Luzzasco Luzzaschi. Madrigal. Printed 1613. Source: Seconda scelta delli Madrigali a cinque voci, di Zascho Luzzaschi, No. 17. Napoli, 1613, G. G. Carlino. Author of the text: unknown.

83. Vincenzo Galilei. Madrigal. Printed 1587. Source: Il secondo libro de Madrigali . . . di Vincentio Galilei nobile Fiorentino, No. 8. Venetia, 1587, Angelo Gardano. Author of the text: unknown.

84. Marco da Gagliano. Madrigal. Printed 1602. From *Pastor fido*, iii, 2. Source: Di Marco da Gagliano Fiorentino il primo libro de Madrigali a cinque voci, No. 1. Venetia, 1602, Angelo Gardano. Author of the text: Gio. Battista Guarini.

85. Marco da Gagliano. Sonnet. Printed 1602. Source: Di Marco da Gagliano Fiorentino il primo libro de Madrigali a cinque voci, No. 2. Venezia, 1602, Angelo Gardano. Author of the text: Giovanni della Casa.

86. Alessandro Striggio. "Caccia." Printed 1569. Source: Il Cicalamento delle donne al bucato et la Caccia di Alessandro Striggio, a quattro cinque sei et sette voci, con il Gioco di primiera à cinque voci, del medesimo novamente agionto, Vinegia 1569, Gir. Scotto. Author of the text: Alessandro Striggio(?).

87. Orazio Vecchi. Canzonetta. Printed 1580. Source: Canzonette di Oratio Vecchi da Modona Libro secondo a quattro voci, No. 18. Venetia 1580, Angelo Gardano. Author of the text: Orazio Vecchi(?).

88. Orazio Vecchi. Canzonetta. Printed 1597. Source: Canzonette a tre voci di Horatio

Vecchi, et di Gemignano Capi Lupi da Modona, No. 15. Venetia, 1597, Angelo Gardano. Author of the text: Orazio Vecchi(?).

89. Filippo di Monte. Madrigal. Printed 1588. Source: Di Filippo de Monte ... Il terzo-decimo libro delli Madrigali a cinque voci, No. 5. Venetia, 1588, Angelo Gardano. Author of the text: unknown.

90. Giaches Wert. Madrigal. Printed 1586. Source: Di Giaches de Wert l'ottavo libro de Madrigali, Venetia, 1586, Angelo Gardano, No. 1. Author of the text: unknown.

91. Giaches Wert. Madrigal. Printed 1586. Source: Di Giaches de Wert l'ottavo libro de Madrigali, Venetia, 1586, Angelo Gardano, No. 9. Author of the text: unknown.

92. Luzzasco Luzzaschi. Madrigal. Printed 1601. Source: Luzzasco Luzzaschi per cantare, et sonare, No. 7. Roma, 1601, Simone Verovio. Author of the text: unknown.

93. Bartolomeo Tromboncino. Ottava rima. Printed 1520. From *Orlando furioso*, 23, 126. Source: Canzoni sonetti strambotti et frottole libro quarto, No. 2. Roma, 1517, Andrea Antico. Text after the edition of 1520, fo. 3b/4a. Author of the text: Lodovico Ariosto.

94. Bartolomeo Tromboncino. Ottava (Strambotto). Printed 1514. Source: Frottole libro undecimo, No. 69. Fossombrone, 1514. Author of the text: unknown.

95. Filippo Verdelot. Madrigal. Printed 1536. Source: Intavolatura de li Madrigali di Verdelotto da cantare et sonare nel Lauto, intavolati per lo eccellentissimo Musico Messer Adriano Vuillaert, No. 5. Venetiis, 1540, Girolamo Scotto.

96. Francesco Corteccia. Madrigal. Printed 1539. Source: Musiche fatte nelle nozze dello illustr. Duca di Firenze, No. 25. Venetia, 1539, Antonio Gardano. Text after Corteccia's Libro secondo de' Madrigali, 1547.

97. Baldisserra Donato. Madrigal. Printed 1568. Source: Di Baldessar Donato il secondo libro de Madrigali a quattro voci, No. 5. Vinegia, 1568, Girolamo Scotto. Text after Gardano's edition of the same year.